Sicherheitspolitik und Rechtsstaatlichkeit
Die USA und die EU im Vergleich

Jan Knipperts

# Sicherheitspolitik und Rechtsstaatlichkeit

## Die USA und die EU im Vergleich

Verlag Dirk Koentopp

Knipperts, Jan:
Sicherheitspolitik und Rechtsstaatlichkeit
Die USA und die EU im Vergleich
Osnabrück: Verlag Dirk Koentopp, 2009
ISBN 978-3-938342-17-6

Titelbild: aboutpixel.de

**ISBN 978-3-938342-17-6**

Herstellung: Books on Demand GmbH

Printed in Germany

# Inhaltsverzeichnis

# 1 Vorwort

Der Anschlag auf das World Trade Center am 11. September 2001 wie auch die weltweite Zunahme terroristischer Aktivitäten und der organisierten Kriminalität hatte die Frage nach wirksamen Schutzmaßnahmen in das Zentrum der öffentlichen Debatte gerückt. Schon bald zeigte sich, dass eine Balance zwischen den als notwendigen erachteten Überwachungs-, Präventions- und Sanktionsmaßnahmen und den individuellen Freiheitsrechten des demokratischen Rechtsstaats erforderlich ist.

Dieses Buch, das aus einer Abschlußarbeit an der Universität Osnabrück entstanden ist, untersucht das Verhältnis von Sicherheitspolitik und Rechtsstaatlichkeit. In knapper und verständlicher Form werden die zentralen Begriffe Demokratie, Freiheit und Sicherheit eingeführt und die Existenz individueller Persönlichkeitsrechte, die zugleich Abwehrrechte gegen einen willkürlichen staatlichen Zugang darstellen, herausgearbeitet.

Diese Vorüberlegungen bilden die Grundlage für eine eingehende Darstellung des sicherheitspolitischen Wandels in den USA und der Europäischen Union seit 2001, in der nicht nur die Maßnahmenpakete, sondern auch die dahinterstehenden Motive und Debatten erhellt werden.

Die Untersuchung zeigt die Probleme der politischen Praxis, auf neuartige Bedrohungen gleichermaßen effektiv und angemessen zu reagieren und auch, dass vieles, was mit wachsendem Abstand zu 2001 als überzogen angesehen wurde, zunächst plausibel erschien und einem gesteigerten Schutzbedürfnis der verunsicherten Bevölkerung entgegenkam.

Dies erklärt auch die zunächst breite Zustimmung zu den Schutzmaßnahmen nach dem 11. September, aber auch die schrittweise Revision dieser Politik, die zuletzt auch im US-Präsidentschaftswahlkampf zwischen George W. Bush und Barack Obama trotz der Finanzkrise eine wichtige Rolle spielte.

Das Buch stellt einen aktuellen und informativen Beitrag zur sicherheitspolitischen und rechtsstaatlichen Debatte dar.

*PD Dr. Dr. K. Saalbach*

# 2 Einleitung

Bei der vorliegenden Arbeit handelt es sich um meine Bachelor's Thesis, die ich von März bis Juni 2008 am Fachbereich Sozialwissenschaften der Universität Osnabrück anfertigte. Für diese Veröffentlichung wurde die Arbeit gemäß der Gutachten überarbeitet und die Präsidentschaftswahlen in den USA wurden mitberücksichtigt. Gedankt sei an dieser Stelle Prof. Dr. Ralf Kleinfeld, und PD. Dr. Dr. Klaus-Peter Saalbach für ihrer stete und engagierte Unterstützung und Betreuung dieser Arbeit. Des weiteren möchte ich Ulrike Schwarz-Knipperts, Udo Knipperts, Silvia Klinkowski und Christian Sauer für ihre unermüdliche Hilfe bei der Korrektur dieser Arbeit und die vielen fruchtbaren Anregungen und Diskussionen danken.

Sicherheitspolitik ist für einen demokratischen Rechtsstaat immer eine Gratwanderung: Es ist seit jeher eine der obersten Aufgaben eines Staates, die Sicherheit seiner Bürger sicherzustellen. Gerade angesichts einer übermächtigen Bedrohungssituation können die Bürger verlangen, dass von staatlicher Seite aus alles Mögliche unternommen wird, um sie vor der Gefahr zu schützen. Doch der moderne demokratische Rechtsstaat gelangt hier schnell an seine Grenzen, denn gerade wenn die Gefahr im "Inneren" des eigenen Staatsgebiets liegt, wäre eine möglichst umfassende Kontrolle der Bürger die naheliegendste Möglichkeit, diese beißt sich allerdings mit den Freiheits- und Bürgerrechten, welche der moderne Rechtsstaat ebenfalls garantieren soll. Zudem verlangen Bedrohungen schnelle Reaktionen, diese sind allerdings in einem demokratischen System nur schwer umzusetzen.

Dieses Dilemma zeigt sich par excellence in den sicherheitspolitischen Maßnahmen der westlichen Welt nach den Anschlägen vom 11.09.2001. Die Anschläge auf das World Trade Center in New York und das Pentagon in Washington am 11. September 2001 hinterließen nicht nur bei den unmittelbar Betroffenen, sondern, dank der umfangreichen Medienberichterstattung, in der gesamten westlichen Welt einen Schock [1] und führten zu weitreichenden Reaktionen in vielen Staaten. Der internationale Terrorismus wurde die "zentrale sicherheitspolitische Herausforderung unserer Zeit"[2] und erzeugte eine völlig neue Sicherheitslage, die völlig neue Maßnahmen zu erfordern schien.

Bedrohungen wie die organisierte Kriminalität oder der international agierende islamische Terrorismus verwischen die Grenzen zwischen innerer und äußerer Sicherheit und erzeugen so einen noch höheren Druck für den Staat. Ihn treffen hier die Auswirkungen der Globalisierung mit voller Härte: Auch die Bedrohungen sind international und grenzüberschreitend geworden, so dass einzelne Nationalstaaten des Problems nicht mehr Herr werden können und außerstaatliche Institutionen die Aufgabe, Sicherheit zu gewährleisten, übernehmen müssen. Anhand der Entwicklung der Europäischen Union wird deutlich, mit welchen Komplikationen dieser Prozess verbunden ist. Ist es für den einzelnen Staat schon fast eine Unmöglichkeit, das Gleichgewicht zwischen persönlicher Freiheit und Sicherheit der Bürger zu wahren, so ist eine gemeinsame Politik mehrerer Staaten, gerade in dem schwierigen Bereich der Sicherheitspolitik mit seinen unklaren Begriffen und Möglichkeiten, eine wirkliche Herausforderung.

---

[1] Vgl. Brosig, Burkhard und Brähler, Elmar: *Die Angst vor dem Terror. Daten aus deutschen Repräsentativerhebungen vor und nach dem 11. September 2001.* In: *Journal für Konflikt- und Gewaltforschung*, vierte Ausgabe Februar 2002, S. 77–94, S. 77.

[2] Urban, Johannes: *Die Bekämpfung des Internationalen Islamistischen Terrorismus.* Wiesbaden: VS Verlag für Sozialwissenschaften, 2006, S. 17.

Es stellt sich somit die Frage, ob die westliche Demokratie angesichts der aktuellen Probleme im Politikfeld der Sicherheitspolitik dem ihr zugrundeliegenden Verständnis eines demokratischen Rechtsstaats überhaupt treu bleiben kann, oder ob hier durch verstärkte Sicherheitsmaßnahmen deutliche Verschiebungen der Prioritäten geschehen, welche hingenommen werden und so zu einer Veränderung des Staatsverständnisses führen. Ist eine verschärfte Sicherheitspolitik also noch mit dem Gedanken der modernen Demokratie, die Freiheitsrechte und den Schutz vor staatlicher Willkür garantiert, vereinbar?

Dieser Frage möchte ich mit der vorliegenden Arbeit nachgehen. Zu diesem Zweck vergleiche ich die Sicherheitspolitik und insbesondere die Reaktionen auf den internationalen Terrorismus in den USA und in der Europäischen Union. Die USA als letzte verbliebene Supermacht beanspruchen eine "moralische Führungsrolle"[3] in der Welt und gelten gerne als Verteidiger der modernen westlichen Demokratie und der Freiheit - als "Land der unbegrenzten Möglichkeiten". Ihre Außenpolitik ist gekennzeichnet durch weltweite Versuche der Demokratieförderung und diese Regierungsform wird als der Inbegriff der Freiheit angesehen.[4] Sie waren das Ziel der Anschläge vom 11.09.2001 und antworteten mit äußerst drastischen Maßnahmen. Aus diesem Grund eignen sie sich besonders für eine Analyse im Kontext dieser Arbeit.

Spätestens seit den Anschlägen in Madrid im März 2004 rückte die Diskussion über neue Methoden, um die "innere Sicherheit" in den Staaten zu gewährleisten und den Terrorismus zu bekämpfen, auch an die Spitze jeder politischen Agenda in Europa.

---

[3] Kunschak, Martin: *Sicherheit oder Freiheit? Terrorismusbekämpfung und persönliche Freiheitsrechte in den USA nach dem 11. September.* Marburg: Tectum Verlag, 2004, S. 48.

[4] Vgl. List, Martin: *Internationale Politik studieren. Eine Einführung.* Wiesbaden: VS Verlag für Sozialwissenschaften, 2006, S. 74.

Die Europäische Union verfolgt die Sicherheitspolitik auf supranationaler Basis und mit entsprechenden Kompetenzen. Ihre Entscheidungen haben für die Mitgliedsstaaten bindenden Charakter. Allerdings verpflichtet sich auch dieser supranationale Akteur in der Sicherheitspolitik der Demokratie und der Rechtsstaatlichkeit. Zudem sind die europäischen Staaten und die EU politisch und wirtschaftlich, aber auch auf der Ebene von Kultur und Werten eng mit den USA verbunden. Allerdings möchte ich mich in dieser Arbeit rein auf die überstaatliche Ebene der Europäischen Union beschränken und die Politik der einzelnen Mitgliedsstaaten soweit wie möglich unberührt lassen.

Zunächst möchte ich auf den Grundgedanken der Demokratie als Garant für Sicherheit und Freiheit und seine Verankerung in den Verfassungstexten der untersuchten Staaten eingehen. Daraufhin widme ich mich dem Politikfeld der Sicherheitspolitik und seinen Veränderungen durch neue Bedrohungssituationen wie dem internationalen Terrorismus. Hier gehe ich ausführlich auf die jeweils beschlossenen Maßnahmen zur Terrorismusbekämpfung und ihre Auswirkungen ein, wobei eine Arbeit dieses Umfangs natürlich keine vollständige Analyse aller seit 2001 erlassenen Regelungen und Maßnahmen im Bereich der Sicherheitspolitik beinhalten kann und sich auf die grundlegenden Regelungen und Maßnahmen beschränken muss. Gerade im Bereich der Sicherheitspolitik stößt man auf eine große Zahl an Bereichen, welche in Wissenschaft und Theorie stark kontrovers diskutiert werden. Auch hier kann eine Bachelor's Thesis nicht die Arbeit leisten, die Diskurse im Einzelnen ausführlich darzustellen. Ich weise an diesen Stellen auf die Problematik hin und beschränke mich im Weiteren darauf, die Hauptargumente und insbesondere die Ansichten der untersuchten Akteure ausführlicher darzulegen.

Die Literaturlage zu diesem Themengebiet ist insgesamt ausgesprochen gut. Insbesondere zu den terroristischen Anschlägen von 2001 in New York und Washington und den folgenden politischen Reaktionen der USA gibt es inzwischen eine kaum noch zu überblickende Fülle an Literatur. Allerdings entpuppen sich hier viele Werke bei genauerem Hinsehen als bessere Debattierbeiträge, welche die aktuelle Politik der USA in einem Ton moralischer Entrüstung anklagen und keine objektive Sicht auf die Sicherheitspolitik zulassen. Die Europäische Union und ihre Sicherheitspolitik betreffend gibt es deutlich weniger Veröffentlichungen, von denen die meisten auf den Integrationsprozess oder die Effizienz der beschlossenen Maßnahmen abzielen. Da die Umsetzung in den Mitgliedsstaaten geschieht, wird hier nach wie vor mehr auf die nationalstaatliche Ebene geschaut, während die supranationale Ebene nur knapp dargelegt wird. Dies zeigt sich beispielsweise anhand der vielen Veröffentlichungen zur Sicherheitspolitik in Deutschland, Italien oder Großbritannien. Eine reine Betrachtung der EU-Richtlinien und Verträge ist nur sehr selten zu finden. Bei einer Betrachtung des Politikfeldes der Sicherheitspolitik sowie des grundlegenden Selbstverständnisses moderner Demokratien werden eine Vielzahl von angrenzenden Gebieten und Disziplinen berührt, wie die Konfliktforschung oder aber Bereiche des Straf- und Verfassungsrechts. Auch hier stieß ich auf eine große Zahl an Veröffentlichungen zum Thema.

Die Möglichkeit einer vergleichenden Analyse der Politik zweier Staaten nutzten allerdings bislang nur wenige Arbeiten in diesem Bereich.[5] Mit der Schwerpunktsetzung auf die Folgen der Sicherheitspolitik, der Auswahl der behandelten Akteure sowie einem vergleichenden Vorgehen bei der Betrachtung des Politikfeldes betritt diese Arbeit einen noch recht wenig bearbeiteten Bereich der Politikwissenschaft.

---

[5]Siehe hier beispielsweise den Sammelband "Terrorismus und Rechtssstaatlichkeit" von Kurt Graulich und Dieter Simon

Die Klärung der zugrunde liegenden Fragestellung folgt einer überwiegend hermeneutisch-deskriptiven Vorgehensweise. Es wurden die entsprechenden Quellentexte und die relevante Forschungsliteratur analysiert und hinsichtlich des erkenntnisleitenden Interesses ausgewertet. Bei der Auswahl der Quellen musste, aufgrund der strikten Vorgaben und Beschränkungen einer Bachelor's Thesis, leider intensiv selektiert werden.

# 3 Begriffsdefinitionen

Sowohl bei "Freiheit" als auch bei "Sicherheit" handelt es sich um sehr abstrakte Begriffe, was aus der Komplexität des Gegenstandes resultiert.[1] Da beide Begriffe für diese Arbeit eine hervorgehobene Rolle spielen, möchte ich versuchen, diese Begriffe zunächst zu erläutern und zumindest in Ansätzen einen Definitionsversuch zu wagen.

## 3.1 Der in dieser Arbeit verwendete Sicherheitsbegriff

Bei dem Begriff der Sicherheit möchte ich dem Definitionsversuch von Gert-Joachim Glaeßner folgen, da dieser die für diese Arbeit relevanten Dimensionen des Sicherheitsbegriffs sehr treffend zusammenfasst. Sicherheit bezeichnet laut Glaeßner lediglich ein "soziales Konstrukt", da sie sich nur auf "soziale Gewissheiten" stützen könne und nicht auf "unverrückbare soziale Gegebenheiten".[2] Daher sei Sicherheit nicht als sozialwissenschaftlicher Begriff eindeutig zu definieren. Glaeßner unterscheidet allerdings vier häufig assoziierte Bedeutungsebenen des Begriffs der Sicherheit:

1. Der Begriff wird assoziiert mit Gewissheit, Verlässlichkeit, Vermeidung von Risiken und Schutz vor Gefahren.

[1] Vgl. a. a. O., S. 65.

[2] Glaessner, Gert-Joachim: *Sicherheit und Freiheit.* In: *Aus Politik und Zeitgeschichte (Beilage zur Wochenzeitschrift „Das Parlament")* Band 10 / 11 März 2002, S. 3.

2. Sicherheit meint aber auch Statussicherheit, Gewährleistung des erreichten Lebensstandards sowie Bewahrung der bestehenden gesellschaftlichen und politischen Verhältnisse.

3. Eine weitere Bedeutungsebene des Begriffs ist laut Glaeßner die Abwehr von Bedrohungen der politischen und gesellschaftlichen Ordnung durch politische Institutionen.

4. Im juristischen Sinne meint Sicherheit die "Unverletzlichkeit von Rechtsgütern".

Auch wenn eine eindeutige Begriffsdefinition kaum möglich erscheint, so lassen diese vier Bedeutungsebenen eine recht gute Eingrenzung der Bedeutung des Begriffs der Sicherheit zu.

## 3.2 Der in dieser Arbeit verwendete Freiheitsbegriff

Auch der Begriff der Freiheit lässt sich nur schwer definieren, denn es gibt auch hier eine ganze Reihe an Bedeutungen, die dem Begriff der Freiheit zugesprochen werden. Ein sehr gelungener Versuch, die unterschiedlichen Bedeutungen des Freiheitsbegriffs darzustellen, wurde vom Allensbacher Institut für Demoskopie in der Untersuchung "Der Wert der Freiheit - Ergebnisse einer Grundlagenstudie zum Freiheitsverständnis der Deutschen"[3] geleistet. Dieser Darstellung folgend, möchte ich hier nun als Überblick die wichtigsten Bedeutungen des Freiheitsbegriffs kurz anführen.

[3] Institut für Demoskopie Allensbach: *Der Wert der Freiheit. Ergebnisse einer Grundlagenstudie zum Freiheitsverständnis der Deutschen.* Oktober / November 2003 ⟨URL: `http://www.ifd-allensbach.de/pdf/akt_0406.pdf`⟩ – Zugriff am 2008.03.29, S. 18.

1. Die älteste bekannte Bedeutung von Freiheit ist die des Gegenteils von Knechtschaft und Fremdbestimmung - also die Freiheit von Sklaverei und Willkür.

2. Eine weitere, später hinzugekommene Bedeutung ist die der "Möglichkeit zu tun und zu lassen, was man will, dass man das Leben nach den eigenen Wünschen und Vorstellungen genießt, dass man sich ungehemmt ausleben kann, durch keine Regeln oder Normen begrenzt, im Extremfall sogar ohne Rücksicht auf die Bedürfnisse anderer und ohne Verantwortungen und Verpflichtungen".

3. Ein weiteres Verständnis des Freiheitsbegriffs ist die Abwesenheit von Not, Armut, Arbeitslosigkeit und weiteren möglichen Risiken des Lebens. Freiheit in diesem Sinne wird von einem starken Staat gewährt und mit politischer und gesellschaftlicher Unfreiheit erkauft. Dieser Freiheitsbegriff wurde beispielsweise in der sozialistischen Diktatur der DDR propagiert.

4. Das politische Verständnis des Wortes Freiheit meint die Möglichkeit, "als Bürger ungehindert am öffentlichen Leben teilzuhaben, sich aktiv und passiv an demokratischen Wahlen zu beteiligen, seine Meinung ungehindert zu äußern und sich weitgehend ungehindert über politische Vorgänge informieren zu können".[4]

5. In den Sozialwissenschaften wird Freiheit oft als "die Möglichkeit des Einzelnen, sein Leben selbst in die Hand zu nehmen, aktiv den Erfolg im Leben zu suchen und zu gestalten, Chancen zu ergreifen, für sich selbst Verantwortung zu übernehmen einschließlich der Möglichkeit zu schei-

[4] Ebd.

tern und die Folgen zu tragen" definiert.[5] Dieser Freiheitsbegriff beinhaltet auch eine verpflichtende Komponente, denn er verlangt vom Einzelnen Aktivität und Anstrengung. Laut dem Verfasser schließt dieser Freiheitsbegriff auch die Freiheit der Wirtschaft mit ein und man könne ihn als Messlatte für viele gesellschaftliche und politische Entscheidungen ansehen.

Neben den hier vorgestellten existieren noch etliche weitere Dimensionen des Freiheitsbegriffs, doch halte ich ein noch intensiveres Eingehen auf diese Begrifflichkeiten im hier gegebenen Rahmen für unnötig und die hier vorgestellten Bedeutungen des Freiheitsbegriffs für eine ausreichende Klärung. Die Schwierigkeiten der Definition sind ein häufig beschriebenes Problem in der Sicherheitspolitik, da der Inhalt dieses Politikfeldes ja von der jeweils verwendeten Definition seines Gegenstandes abhängt. Auf diese Problematik werde ich im weiteren Verlauf noch ausführlicher zu sprechen kommen.

[5] Institut für Demoskopie Allensbach: *Der Wert der Freiheit. Ergebnisse einer Grundlagenstudie zum Freiheitsverständnis der Deutschen.* (Anm. 3), S. 18.

# 4 Sicherheit und Freiheit in der Demokratie

Um feststellen zu können, ob durch Verschärfungen von sicherheitspolitischen Maßnahmen eine Veränderung des Demokratieverständnisses eintritt, muss zunächst festgestellt werden, was für ein Verständnis dieser Staatsform den modernen Demokratien zugrunde liegt.

Was genau eine Demokratie ausmacht und wie man den Demokratisierungsgrad eines Staates messen kann, sind in den Politikwissenschaften stark kontrovers diskutierte Fragen. Zur Bestimmung der Demokratie gibt es zudem in den Sozialwissenschaften eine Vielzahl an unterschiedlichen Ansätzen, welche wiederum zu unterschiedlich wertgeladenen Konsequenzen führen.[1] An dieser Stelle auf alle gegenwärtigen Theorien zur Demokratie und vor allem auf die unterschiedlichen Formen dieser Herrschaftsform einzugehen, würde deutlich zu weit führen, daher möchte ich versuchen, mich an dieser Stelle auf die der Demokratie zugrundeliegenden Vorstellungen zu beschränken, ohne auf die unterschiedlichen Formen von demokratischen Regimen und die unterschiedlichen Theorien zur Demokratie näher einzugehen. Hierbei werde ich, dem Kontext der Arbeit entsprechend, den Schwerpunkt auf die Aspekte der Freiheit und der Sicherheit legen, da diese Bereiche von den Maßnahmen der Sicherheitspolitik betroffen sind. Im weiteren Verlauf der Arbeit werde ich versuchen, anhand der grundlegenden Verträge und Verfassungsdokumente das den Ver-

[1] Vgl. Shell, Kurt L.: *Demokratie.* In: Görlitz, Axel (Hrsg.): *Handlexikon zur Politikwissenschaft.* Band 1, München: Rowohlt Taschenbuchverlag, 1982, S. 57–61, S. 57 f.

einigten Staaten und der Europäischen Union zugrundeliegende Demokratieverständnis zu ermitteln.

Demokratie bedeutet wörtlich soviel wie "Volksherrschaft, Herrschaft der Mehrheit, der Vielen".[2] Die Grundidee der modernen Demokratie ist eine Staatsform, "[...] in der die Bürger nicht Spielball der Herrschenden sind, sondern als aktive Mitspieler vor staatlicher Willkür geschützt sind".[3] Den Beginn von Demokratisierungsprozessen bildeten häufig revolutionäre Umstürze autokratischer Regime. Das Anrecht auf politische Teilhabe der Mehrheit der Bevölkerung wurde in langwierigen und teilweise äußerst blutigen Auseinandersetzungen mühsam erkämpft. Damit ist die moderne Demokratie eng verbunden mit dem liberalen Verfassungsstaat, denn die meist in revolutionären Bewegungen erkämpften Freiheiten sollten als Rechte verbürgt und durch Verfahrensgarantien abgesichert werden, um nicht bei einem erneuten Machtwechsel wieder verloren zu gehen.[4] Das Prinzip des Rechtsstaates verband sich immer enger mit dem der Demokratie, in welcher die Gesellschaft über das Parlament bestimmen kann, "[...] wie viel Freiheit es gegen den Staat geben soll und damit ebenfalls, wie weit der Schutzanspruch des Staates Begrenzungen der politischen oder wirtschaftlichen Entfaltungsfreiheit rechtfertigt."[5] Auch wenn zu Beginn des modernen Rechtsstaats keineswegs alle Menschen in den Genuss der

[2] SCHULZE, RAINER-OLAF: *Demokratie.* In: NOHLEN, DIETER und SCHULZE, RAINER-OLAF (Hrsg.): *Lexikon der Politikwissenschaft. Theorien Methoden Begriffe.* München: Verlag C.H. Beck, 2005, 3. Auflage, S. 128.

[3] KAILITZ, STEFFEN: *Staatsformen im 20. Jahrhundert II: Demokratische Systeme.* In: GALLUS, ALEXANDER und JESSE, ECKHARD (Hrsg.): *Staatsformen.* Bonn: Bundeszentrale für politische Bildung, 2007, S. 281–328, S. 286.

[4] Vgl. IPSEN, JÖRN: *Staatsrecht II: Grundrechte.* München: Luchterhand Verlag, [8]2004, S. 5.

[5] HOFFMANN-RIEM, WOLFGANG: *Freiheit und Sicherheit im Angesicht terroristischer Anschläge.* In: MÜLLER, ERWIN und SCHNEIDER, PATRICIA (Hrsg.): *Die Europäische Union im Kampf gegen den Terrorismus: Sicherheit vs. Freiheit?* Band Frieden durch Recht VII, Nomos Verlag, 2006, S. 33–42, S. 33.

Freiheitsrechte kamen oder am demokratischen Prozess teilhaben konnten, so gab es schon früh Bemühungen, die Idee der Freiheit mit der der Gleichheit zu kombinieren. Diese Tendenz führte in der Geschichte zu einer Öffnung der demokratischen Mitwirkung und des Rechtsschutzes für den Dritten Stand und im 20. Jahrhundert auch für Frauen.[6] Das Kernprinzip von Demokratiekonzepten, die sich primär am Freiheitsziel orientieren, ist daher die Selbstbestimmung der Individuen, der gesellschaftlichen Gruppen und Gemeinschaften oder auch des Volkes als Einheit und die Kontrolle der Mächtigen.[7]

Für moderne Demokratien aus heutiger Sicht ergeben sich demnach folgende grundlegende Kriterien:

1. Demokratische Herrschaft gründet sich auf das Prinzip der Volkssouveränität und der politischen Gleichheit aller, unabhängig von Geschlecht, Rasse, Konfession usw.

2. Die demokratische Herrschaft ist an die Geltung von Grundrechten und den Schutz des Einzelnen vor staatlicher Willkür gekoppelt.

3. Die Partizipationsrechte und Möglichkeiten müssen fundamentaldemokratisch sein, was bedeutet, dass individuelle wie kollektive Partizipationsmöglichkeiten vorhanden sein müssen, die Öffentlichkeit Zugriff auf die zur politischen Partizipation notwendigen Informationen haben muss, ein Minderheitenschutz für die Opposition bestehen muss u.ä.[8]

---

[6] Vgl. a. a. O.

[7] Vgl. Abromeit, Heidrun: *Probleme einer Demokratisierung der Europäischen Union ? oder: Warum es so schwer ist, einen gemeinsamen Nenner zu finden.* In: Bandelow, Nils C. und Bleek, Wilhelm (Hrsg.): *Einzelinteressen und kollektives Handeln in modernen Demokratien.* VS Verlag für Sozialwissenschaften, 2007, Festschrift für Ulrich Widmaier, S. 13 – 27, S. 16.

[8] Vgl. Schulze: Lexikon der Politikwissenschaft. Theorien Methoden Begriffe Band 1 A–M 2005 (Anm. 2), S. 129.

Insbesondere die Gewährung der Freiheitsrechte der Bürger und deren Schutz soll hier als fundamentales Element des Verfassungsstaates hervorgehoben werden. Grundvoraussetzung für die Sicherheit der Grundrechte und die Funktion des Rechts- und Verfassungsstaates ist natürlich eine von politischen Anweisungen unabhängige Justiz.[9] Zu den Kernelementen des demokratischen Verfassungsstaates zählt daher auch die Gewaltenteilung.[10] Nach dem heute vorherrschenden Verständnis in der politikwissenschaftlichen Diskussion von einem demokratischen Staat benötigt eine Demokratie allerdings nicht nur die Existenz der genannten Institutionen, sondern es muss auch ein "[...] die Staatsform Demokratie tragendes Ideengerüst [...]"[11] existieren, eine Werteebene der Demokratie. Laut Pickel sollten diese mit der Demokratie verbundenen Werte und Ideen in einer politischen Gemeinschaft (z.B. der Nation) breit verankert sein.[12]

Die Demokratie setzte sich im Laufe des 20. Jahrhunderts als vorherrschende Staatsform durch, hier nahm nicht nur die Anzahl der demokratischen Systeme, sondern auch ihre Qualität zu.[13] Die Zeit zwischen den beiden Weltkriegen brachte herbe Rückschläge für die Demokratie mit sich, doch mit der Niederwerfung der faschistischen Achsenmächte und ihrer explizit antidemokratischen Ideologien gewann sie wieder deutlich an Boden. Nahezu vollends triumphierte das westliche Demokratiemodell nach dem Kalten Krieg mit dem Zusammenbruch der sich als sozialistische Demokratie bezeichnenden Sowjet-Union[14], der Po-

---

[9] Vgl. Kailitz: Staatsformen im 20. Jahrhundert II: Demokratische Systeme (Anm. 3), S. 286 f.

[10] Vgl. a. a. O., S. 288.

[11] Pickel, Susanne und Pickel, Gert: *Politische Kulturforschung.* Wiesbaden: VS Verlag für Sozialwissenschaften, 2006, S. 52.

[12] Vgl. a. a. O., S. 52 f.

[13] Vgl. Kailitz: Staatsformen im 20. Jahrhundert II: Demokratische Systeme (Anm. 3), S. 281.

[14] Vgl. Shell: Demokratie (Anm. 1), S. 57.

litikwissenschaftler Samuel P. Huntington bezeichnete diese Entwicklungen als zweite und dritte "Welle der Demokratisierung".[15] Diese Entwicklung der Vorherrschaft einer, wie auch immer institutionell ausgestalteten, Demokratie hat natürlich auch deutliche Auswirkungen auf die sozialwissenschaftliche Arbeit. Eine moderne Demokratie gilt als das einzig legitime Herrschaftssystem und demokratische Strukturen werden zur Ermittlung des Standes der Legitimität der politischen Systeme verwendet. So versucht der Demokratie-Index von Freedom House seit 1971 den Stand der Demokratie und der Freiheit in der Welt systematisch und regelmäßig zu erfassen, indem der Stand der politischen Rechte und der Bürgerrechte durch Fragebatterien erfasst und ein Index gebildet wird. Laut Freedom House werden so Freiheit und Demokratie im Sinne des demokratischen Verfassungsstaates erfasst.[16] Diesen Index zur Messung von rechtsstaatlicher Demokratie und Freiheit in einem Staat führe ich hier auf, da er für eine empirische Erfassung von Freiheitseinschränkungen und anderen Verstößen gegen das ermittelte Grundverständnis der westlichen Demokratien besonders geeignet erscheint. Allerdings möchte ich auch bereits an dieser Stelle darauf hinweisen, dass das Vorgehen von Freedom House nicht unumstritten ist. Insbesondere der verwendete Demokratiebegriff wird als sehr weit gefasst und tief in das Rechts- und Verfassungsstaatliche reichend kritisiert. Hier wird ein demokratisches System mit einem Verfassungsstaat gleichgesetzt, wobei diese weder begrifflich noch empirisch deckungsgleich sind. [17] Zudem werden die uneindeutigen Operationalisierungen von Begriffen kritisiert [18] und die

[15] Zitiert nach Kailitz: Staatsformen im 20. Jahrhundert II: Demokratische Systeme (Anm. 3), S. 281.

[16] Vgl. Schmidt, Manfred G.: *Demokratietheorien Eine Einführung.* Wiesbaden: VS Verlag für Sozialwissenschaften, $^3$2000, S. 408.

[17] Vgl. a. a. O., S. 412.

[18] Vgl. a. a. O.

Datenerhebung als ein "letztlich doch relativ intuitives System der Beobachtung, Bewertung und Aufsummierung der Beobachtungswerte zu einer Skala" [19] bezeichnet. Dennoch lässt sich der Index meiner Ansicht nach gut dafür verwenden, Veränderungen von Freiheit und Rechtsstaatlichkeit in bestimmten Zeitabschnitten aufzuzeigen. Die in dieser Arbeit untersuchten europäischen und nordamerikanischen Verfassungsstaaten erreichen auf dem Index regelmäßig Bestwerte und damit den Status "free".[20]

Doch Demokratien gelten nicht nur als besonders frei, sondern auch als friedlich und damit für ihre Bürger auch nach außen als relativ sicher. So formulierte bereits 1795 Immanuel Kant in seiner Schrift "Zum ewigen Frieden", dass Kriege vor allem im Interesse von politischen Machthabern lägen, nicht aber im Interesse der Staatsbürger, da diese unter Krieg direkt leiden und ihr Eigentum und sogar ihr eigenes Leben gefährden müssten. Aus diesem Grund würden Staaten, in denen die Bevölkerung Entscheidungen mit beeinflussen kann, zu einer friedlicheren Außenpolitik neigen.[21]. Auch Niccolò Machiavelli und Montesquieu sehen in ihren Werken bereits die Republik als Staatsform an, von der keine Gewalt ausgehe.[22]

Diese Idee wurde in den Sozialwissenschaften vielfach untersucht und der Kant'schen Idee steht der empirische Befund ent-

---

[19] SCHMIDT: *Demokratietheorien Eine Einführung* (Anm. 16), S. 412.

[20] Bemerkenswert ist, dass Freedom House erst im Mai 2008 in einer Veröffentlichung fragten: "Todays American: How Free?" Vergleiche hierzu: http://www.freedomhouse.org/template.cfm?page=406.

[21] Vgl. KANT, IMMANUEL: *Zum ewigen Frieden. Ein philosophischer Entwurf.* Königsberg: Friedrich Nicolovius, 1795 ⟨URL: `http://www.philosophiebuch.de/ewfried.htm`⟩ – Zugriff am 20.04.2008, S. besonders: Das Völkerrecht soll auf einen Föderalismus freier Staaten gegründet seyn.

[22] Vgl. CZEMPIEL, ERNST-OTTO: *Kants Theorem und die zeitgenössische Theorie der internationalen Beziehungen.* In: LUTZ-BACHMANN, MATTHIAS und BOHMAN, JAMES (Hrsg.): *Frieden durch Recht.* Frankfurt (Main): Suhrkamp Verlag, 1996, S. 300–323, S. 301.

gegen, dass Demokratien sehr wohl Kriege gegen undemokratische Staaten beginnen. Dennoch wurde vermutet und untersucht, ob Demokratien, wenn schon nicht generell, so doch untereinander friedlicher seien als nicht-demokratische Staaten. Diese These vom "demokratischen Frieden" erwies sich, mit einigen Einschränkungen, als relativ robust und konnte durch verschiedene Verfahren bestätigt werden.[23] In der Konsequenz ist die Demokratisierung ein wesentliches Element jeder aktuellen Strategie, um Konflikte in der Welt zu bekämpfen. Allerdings bringt dieses Vorgehen eine Reihe an Problemen mit sich und ist in der Wissenschaft alles andere als unumstritten. Unter welchen Bedingungen eine extern induzierte Demokratisierung erfolgreich sein kann, ist eine häufig diskutierte Frage. Sie erscheint ohne heimische Unterstützer recht aussichtslos. Als Beispiele lassen sich hier der Irak-Krieg, aber auch der Systemwandel im Kosovo und in Bosnien-Herzegowina anführen. Diese Beispiele zeigen den für eine Demokratisierung von außen notwendigen "langen Atem", zwar unterscheidet sich der international geleitete Systemwandel in Bosnien deutlich von den bisherigen Bemühungen im Irak, doch kann auch hier (noch) nicht von einer wirklichen Erfolgsgeschichte gesprochen werden. Ein weiteres Problem zeigt sich darin, dass Demokratisierungsbemühungen, gerade wenn Demokratie nur als reine Mehrheitsherrschaft verstanden wird, statt als liberale Regierungsform mit Minderheitenschutz, geradezu konfliktverschärfend und gewaltfördernd wirken können.[24]

In der sicherheitspolitischen Praxis erfreut sich das "friedliche-Demokratie-Theorem" dagegen weiterhin großer Beliebtheit. Sein Charme liegt darin, dass es Sicherheitsprobleme präventiv und zugleich systematisch angeht. Zudem wäre nach dieser Theorie

[23] Vgl. LIST: *Internationale Politik studieren. Eine Einführung* (Anm. 4), S. 73.

[24] Vgl. a. a. O., S. 75.

eine im Hinblick auf die Regierungsform möglichst homogene Zusammensetzung des internationalen Systems eine Möglichkeit für friedlichere internationale Beziehungen und damit für die äußere Sicherheit des eigenen Staates.[25]

Bereits unter US-Präsident Clinton wurde die These des demokratischen Friedens erneut aufgegriffen und zur friedenspolitischen Maxime der amerikanischen Außenpolitik gemacht. Die Idee der Förderung des Friedens durch Förderung der Demokratie führte zur Demokratisierung in immer mehr Ländern.[26] Doch insbesondere die Reaktion der US-Regierung auf die Anschläge vom 11. September 2001 hat der praktischen Umsetzung dieser Strategie neuen Auftrieb gegeben.[27] Hier sah die Bush-Administration in der "interessant ins idealistisch gewendeten neokonservativen Forderung nach der Demokratisierung im Nahen Osten" ein gutes Argument für den Krieg im Irak.[28] Auch die EU als weiterer wichtiger Akteur der internationalen Politik hat sich die Demokratieförderung zum Programm gemacht. Einerseits bei potenziellen Beitrittskandidaten unter den östlichen Nachbarn, aber auch bei der Entwicklungskooperation mit südlichen Staaten.[29] Ebenso wird durch wirtschaftlichen Druck die Demokratieförderung vorangetrieben, so vertreten IWF und die Weltbank die Forderung nach good governance (ordentlicher, rechtsstaatlicher und auch demokratischer Regierung) als Kondition für Finanzzusagen in Staaten des Südens.[30]

---

[25] Vgl. List: *Internationale Politik studieren. Eine Einführung* (Anm. 4), S. 75.

[26] Vgl. a. a. O., S. 74.

[27] Vgl. Dauderstädt, Michael und Lerch, Marika: *Internationale Demokratieförderung: Mit begrenzter Macht zur Machtbegrenzung.* Bonn: Friedrich-Ebert-Stiftung, 2005, Internat. Politikanalyse (Frieden und Sicherheit), S. 1.

[28] Vgl. List: *Internationale Politik studieren. Eine Einführung* (Anm. 4), S. 75.

[29] Vgl. a. a. O., S. 74.

[30] Vgl. a. a. O.

## 4.1 Festgeschriebene Grundrechte in den USA und der EU

Wie bereits dargelegt sind garantierte Grundrechte ein wesentlicher Bestandteil der modernen Demokratien.

Im Folgenden möchte ich kurz auf die in den jeweiligen Verfassungen oder ähnlichen rechtskräftigen Dokumenten kodifizierten Grundrechte eingehen. Ein tieferes Eingehen auf die einzelnen Freiheitsrechte oder ihre Entstehungsgeschichte würde hier zu weit führen, weshalb ich an dieser Stelle nur kurz die Verfassungsdokumente und die wichtigsten Freiheitsrechte der USA und Europas vorstellen und knapp erläutern möchte.

### 4.1.1 Grundrechte in den USA

Die amerikanische Verfassung ist mit mehr als 200 Jahren die älteste demokratisch-rechtsstaatliche Verfassung, die noch in Kraft ist und entfaltete erheblichen Einfluss auf die Entwicklung der Vorstellung von Demokratie und Menschenrechten. Die Verfassung wurzelt in dem Verlangen der Bewohner der amerikanischen Kolonien, ihre Rechte als Untertanen der englischen Krone für sich zu sichern. Die Rechtsgrundlage bildeten die Magna Charta von 1215, die Habeas Corpus Akte von 1679 sowie die Bill of Rights von 1689. In diesem britischen Recht waren bereits rudimentäre Elemente des Schutzes der Person vor staatlicher Willkür enthalten, die nach der Unabhängigkeitserklärung von 1776 in der Verfassung und ihren Amendments kodifiziert wurden.[31] Als theoretischer Überbau fungierte nach dem Konflikt zwischen der englischen Krone und den Kolonisten der Natur-

[31] Vgl. Kunschak: *Sicherheit oder Freiheit? Terrorismusbekämpfung und persönliche Freiheitsrechte in den USA nach dem 11. September* (Anm. 3), S. 16 f.

rechtsgedanke, hier ist insbesondere das Werk von John Locke zu nennen. Laut Mayer-Tasch wurde Jefferson sogar der Vorwurf gemacht, bei der Arbeit an der amerikanischen Verfassung aus Lockes "Second Treatise of Government" abgeschrieben zu haben.[32]

Grundlegende Schutzrechte des Einzelnen, wie Glaubens- oder Meinungsfreiheit oder auch Rechte zum Schutz vor staatlicher Willkür wie das Verbot von willkürlichen Verhaftungen und Durchsuchungen, sind in der Verfassung der USA festgeschrieben. Diese Rechte der Bürger zählen damit zu den höchsten Rechtsnormen, ihr Rang zeigt sich insbesondere an der Ungültigkeit von Gesetzen und Verwaltungsakten, welche diesen Rechten zuwiderlaufen.[33] Es handelt sich bei den persönlichen Freiheitsrechten also um gerichtlich durchsetzbare Rechtsnormen.

Die Freiheitsrechte werden in materielle und prozessuale Rechte unterschieden.[34] Der Großteil dieser Rechte ist in den zehn Verfassungszusätzen (Amendments) der Bill of Rights von 1791 enthalten. Die materiellen Rechte umfassen das Recht auf Religions-, Meinungs-, Presse- und Versammlungsfreiheit sowie den Schutz vor willkürlichen Verhaftungen und Durchsuchungen. Die prozessualen Rechte garantieren dagegen verfahrensrechtliche Mindeststandards und die Einhaltung von bestimmten Rechtsgrundsätzen[35]

---

[32]Vgl. LOCKE, JOHN; MAYER-TASCH, PETER CORNELIUS (Hrsg.): *Über die Regierung (The second treatise of government), übers. von Dorothee Tidow. Mit einem Nachwort von Peter Cornelius Mayer-Tasch.* Stuttgart: Reclam Verlag, 1974, S. 223.

[33]Vgl. KUNSCHAK: *Sicherheit oder Freiheit? Terrorismusbekämpfung und persönliche Freiheitsrechte in den USA nach dem 11. September* (Anm. 3), S. 14 f.

[34]Zu dieser Unterscheidung siehe auch CREIFELDS, CARL und WEBER, KLAUS (Hrsg.): *Rechtswörterbuch.* München: Beck Juristischer Verlag, [18]2004, S. 1259 Stichwort: 'Strafrecht'.

[35]Vgl. KUNSCHAK: *Sicherheit oder Freiheit? Terrorismusbekämpfung und persönliche Freiheitsrechte in den USA nach dem 11. September*

Dem Schutz der persönlichen Freiheit kommt bei den materiellen Freiheitsrechten eine besondere Rolle zu, denn sie dient faktisch als Grundlage für weitere Freiheitsrechte. Der Schutz der Person vor rechtloser Gewalt, willkürlicher Verhaftung und Strafe ermöglicht erst die Selbstbestimmung des Individuums und die Menschenwürde. Erst auf dieser Grundlage können die anderen Freiheitsrechte wie Meinungs-, Presse- und Versammlungsfreiheit aufbauen.[36]

Die persönlichen Freiheitsrechte sollen vor allem durch das Prinzip der "checks and balances", der konkurrierenden, sich gegenseitig kontrollierenden politischen Gewalten der Exekutive, Legislative und Judikative gesichert werden.

### 4.1.2 Grundrechte in der Europäischen Union

Bei der Europäischen Union handelt es sich um einen "Staatenverbund", welcher bislang noch keine von allen Mitgliedsstaaten ratifizierte Verfassung besitzt. Aus den bisherigen Verträgen der Mitgliedsstaaten und dem 2004 gescheiterten Verfassungsentwurf lassen sich allerdings klare Werteorientierungen und Grundsätze erkennen.

Die Grundrechte wurden auf der Ebene der Europäischen Gemeinschaft bzw. der Europäischen Union nur schrittweise vertragsrechtlich verankert. So finden in den Gründungsverträgen der Europäischen Gemeinschaften die Grundrechte noch keine Erwähnung. Sie galten ursprünglich als ein ausschließliches Mandat der Vereinten Nationen und des Europarats. Auch der Vertrag von Maastricht enthielt noch kein Verzeichnis der Grundrechte, doch verpflichtete er die Mitgliedsländer ausdrücklich, die

(Anm. 3), S. 20.

[36] Vgl. a. a. O., S. S. 20f.

in der Europäischen Konvention zum Schutze der Menschenrechte und Grundfreiheiten garantierten Rechte zu achten.[37]

Durch den Vertrag von Amsterdam (1999) wurde die Förderung der Grundrechte in der EU stark vorangetrieben. So heißt es in Art. 6 Absatz 1 des Vertrages über die Europäische Union: "Die Union beruht auf den Grundsätzen der Freiheit, der Demokratie, der Achtung der Menschenrechte und den Grundfreiheiten sowie der Rechtsstaatlichkeit; diese Grundsätze sind allen Mitgliedsstaaten gemeinsam." Alle Staaten, die der Union beitreten möchten, haben diese Prinzipien laut Artikel 49 zu achten. Im Falle von "schwerwiegender und anhaltender Verletzung" sieht Art. 7 Sanktionsmöglichkeiten für die Mitgliedsländer vor.[38]

Auch bei den Entwürfen einer EU-Verfassung wurden Demokratie und Grundrechte als besonders legitimationsrelevant angesehen.[39] Die Rechtsprechung des Europäischen Gerichtshofes (EuGH) hat versucht, durch Rechtsvergleich der nationalen Grundrechte der Mitgliedsstaaten und durch Bezugnahme auf die Europäische Menschenrechtskonvention (EMRK) europäische Grundrechte im Wege der Rechtsprechung zu entwickeln.[40] Diese ge-

---

[37] Vgl. McGinley, Marie: *Grundrechtsschutz der Europäischen Union.* In: *Haager Programm zur Innen- und Justizpolitik der EU.* Deutsches Institut für Internationale Politik und Sicherheit, 2006 ⟨URL: http://vt-www.bonn.iz-soz.de/swpthemen/servlet/de.izsoz.dbclear.query.browse.BrowseFacette/domain=swp/lang=de/filter=1/sable=true/qup=true?f58=12138,12147_12147&order=creator,-pubyear,title⟩ – Zugriff am 22.05.2008

[38] Vgl. Europäische Union: *Konsolidierte Fassung des Vertrags über die Europäische Union.* ⟨URL: http://europa.eu.int/eur-lex/lex/de/treaties/dat/12002M/htm/C_2002325DE.000501.html⟩ – Zugriff am 11.04.2008

[39] Vgl. Weidenfeld, Werner: *Wie Europa verfasst sein sollte - Materialien zur Politischen Union.* Gütersloh: Verlag Bertelsmann Stiftung, 1991, S. 11 ff.

[40] Vgl. Hohmann, Harald: *Die Charta der Grundrechte der Europäischen Union - Ein wichtiger Beitrag zur Legitimation der EU.* In: *Aus Politik und Zeitgeschichte*, B 52-53 2000 ⟨URL: http://www.bpb.de/publikationen/FZSF5R,0,0,Die_Charta_der_Grundrechte_der_Europ%E4ischen_Union.html#art0⟩ – Zugriff am 11.04.2008

meinsamen europäischen Grundrechte wurden in der Charta der Grundrechte der EU festgeschrieben, welche einen Teil des bislang nicht ratifizierten Verfassungsvertrages bildet.

Die Grundrechtecharta ist nicht mehr Teil des neu erarbeiteten EU-Grundlagen-
Vertrages, welcher 2009 in Kraft treten soll. Sie soll allerdings dennoch für alle Staaten, ausgenommen Großbritannien und Polen, für bindend erklärt werden.[41] Großbritannien und Polen befürchten durch die Charta einen Türöffnungseffekt für Beschränkungen der nationalen juristischen Souveränität und verweigerten ihre Zustimmung.

Trotz mangelnder Rechtsgültigkeit zum jetzigen Zeitpunkt halte ich die Grundrechtscharta für geeignet, um die in der Europäischen Union vertretenen und damit durch die europäische Sicherheitspolitik betroffenen Freiheitsrechte herauszuarbeiten. Insbesondere, da diese Charta durch Rechtsvergleich der nationalen Grundrechte der Mitgliedsstaaten zustande gekommen ist, ist sie meiner Ansicht nach für diese Aufgabe geeignet.

Wie stark auf die Anerkennung und Achtung der Grundrechte in der politischen Praxis der Europäischen Union geachtet wird, zeigt die immer wieder aufgeschobene Aufnahme der Türkei in die Europäische Union. Die EU-Kommission hat mit ihrem Bericht an den Europäischen Rat vom 6. Oktober 2004 der Türkei die Existenz stabiler demokratischer Strukturen und einer menschenrechtskonformen Gesetzeslage bescheinigt, sah aber in der Praxis der Wahrung der Menschenrechte "nach wie vor gravierende Mängel".[42]

---

[41] Vgl. Bundesregierung, Deutsche: *Presseerklärung vom 23.06.2007: Ergebnisse des Europäischen Rates.* ⟨URL: `http://www.bundesregierung.de/nn_1264/Content/DE/Artikel/2007/06/2007-06-23-ergebnisse-europaeischer-rat-bruessel.html`⟩ – Zugriff am 11.04.2008

[42] Dietert, Anke: *Menschen- und Minderheitenrechte: die Türkei und*

Während im ersten Abschnitt der Grundrechtscharta grundlegende Menschenrechte verankert sind, enthält der zweite Abschnitt (Titel II) die Freiheitsrechte. Diese in der Grundrechtscharta kodifizierten Rechte sind sehr weitgehend, neben Religions-, Meinungs-, Informations- und Versammlungsfreiheit werden hier beispielsweise auch Kommunikation und persönliche Daten unter Schutz gestellt.[43]

Als besonders interessant ist im Kontext dieser Arbeit auch Artikel II-67 zu sehen, welcher besagt, dass jeder Mensch ein Anrecht sowohl auf Freiheit als auch auf Sicherheit hat.[44] Auf dieses Grundrecht werde ich im Verlauf dieser Arbeit noch näher eingehen.

Verletzungen der Grundrechte können nach Ausschöpfung des innerstaatlichen Rechtsweges vor dem Europäischen Gerichtshof für Menschenrechte in Straßburg geltend gemacht werden.[45] Zudem wurde am 1. März 2007 in Wien eine europäische Agentur für Grundrechte eröffnet.[46]

---

*die europäischen Standards.* In: *Bundeszentrale für Politische Bildung - Themen: Türkei und EU*, 2006 ⟨URL: `http://www.bpb.de/themen/35SQ8K,0,0,Menschen_und_Minderheitenrechte%3A_die_T%FCrkei_und_die_europ%E4ischen_Standards.html`⟩ – Zugriff am 11.04.2008

[43] Vgl. Europäische Union: *Offizieller Text der Grundrechtscharta als Teil der Europäischen Verfassung.* ⟨URL: `http://eur-lex.europa.eu/LexUriServ/LexUriServ.do?uri=OJ:C:2004:310:0041:0054:DE:PDF`⟩ – Zugriff am 14.04.2008 - Titel II, Artikel II-66 ff.

[44] Vgl. a. a. O. Titel II, Artikel II-67.

[45] Vgl. Kutscha, Martin: *Grundrechte.* In: Lange, Hans-Jürgen und Gasch, Matthias (Hrsg.): *Wörterbuch zur Inneren Sicherheit.* VS Verlag für Sozialwissenschaften, 2006, S. 117–120, S. 117.

[46] Vgl. McGinley: Grundrechtsschutz der Europäischen Union (Anm. 37)

## 4.2 Das Politikfeld der Sicherheitspolitik

Sicherheit ist ein Grundbedürfnis der Menschen und ein klassisches Kollektivgut.[47] Bereits seit Thomas Hobbes' Werk "Leviathan" von 1651 gilt es als die oberste und wichtigste Pflicht des Staates, Bürgerkriege zu verhindern und Vorkehrungen gegen äußere Feinde zu treffen. Die staatliche Gewalt soll ein Leben in Sicherheit und die Befriedigung der individuellen Bedürfnisse ermöglichen.[48] . Ein weitgehend uneingeschränktes Sicherheitsversprechen kann allerdings kein Staat seinen Bürgern geben, realistisch ist lediglich eine Reduktion von Unsicherheit.[49] Schon in den frühen Staatstheorien wird deutlich, dass ein Mehr an Sicherheit durch Verlust von Freiheit erkauft wird. So verlassen beispielsweise nach John Lockes Theorie "Two Treatises of Government" (1690) die Menschen den Naturzustand, einen Zustand "vollkommener Freiheit", und schließen sich zu Staaten mit einem übergeordnetem Souverän zusammen, um Schutz vor Übergriffen ihrer Mitmenschen zu genießen. Spätestens seit Montesquieus Werk stellt sich allerdings die Frage, wie die Bürgerinnen und Bürger vor der staatlichen Gewalt geschützt werden können. Wie lassen sich Übergriffe des Staates in die "Sphäre der zivilen Gesellschaft und das Privatleben der Bürger"[50] vermeiden?

---

[47]Graulich, Kurt und Simon, Dieter: *Terrorismus und Rechtstaatlichkeit - Analysen, Handlungsoptionen, Perspektiven.* Berlin: Akademie Verlag, 2007, Forschungsberichte der Interdisziplinären Arbeitsgruppe der Berlin-Brandenburgischen Akademie der Wissenschaften, S. XII.

[48]Vgl. Glaessner: Aus Politik und Zeitgeschichte (Beilage zur Wochenzeitschrift „Das Parlament") Band 10 / 11 [2002] (Anm. 2), S. 7.

[49]Vgl. Urlau, Ernst: *Wie weit reicht das Sicherheitsversprechen des Staates an seine Bürger?* In: Dieter Simon, Kurt Graulich und (Hrsg.): *Terrorismus und Rechtstaatlichkeit - Analysen, Handlungsoptionen, Perspektiven.* Berlin: Akademie Verlag, 2007, Forschungsberichte der Interdisziplinären Arbeitsgruppe der Berlin-Brandenburgischen Akademie der Wissenschaften, S. 297–303, S. 299.

[50]Glaessner: Aus Politik und Zeitgeschichte (Beilage zur Wochenzeitschrift „Das Parlament") Band 10 / 11 [2002] (Anm. 2), S. 7.

Nach den Erfahrungen mit autoritären und totalitären Staaten im 20. Jahrhundert ist diese Frage aktueller denn je. Der moderne Verfassungsstaat steht somit vor der Aufgabe, seine Bürger vor äußeren und inneren Gefahren zu schützen, ihnen aber auch die Chance zu geben, "frei und unangefochten leben zu können".[51]

Aus dem Versuch, diese Aufgabe zu erfüllen, entsteht sehr leicht ein starker Konflikt zwischen dem Freiheitsbedürfnis der Bürgerinnen und Bürger und ihrem Bedürfnis nach Sicherheit durch den Staat. Der moderne Rechtsstaat hat die Schwierigkeit zu meistern, Freiheit und Sicherheit miteinander auszutarieren "[...], denn jedes Mehr an Sicherheitsvorkehrungen engt Freiräume notwendigerweise ein so wie umgekehrt Freiheit offen für Risiken und damit der von diesen ausgehenden Unsicherheit ausgesetzt ist".[52] So ergibt sich ein Grundkonflikt der Sicherheitspolitik, da polizeiliches Handeln Freiheitsrechte der Individuen mit dem Ziel der Aufrechterhaltung von Sicherheit einschränkt, andererseits aber die Sicherheit als Voraussetzung der Entfaltung persönlicher Freiheit angesehen werden kann.[53] Insofern übersieht die These "Sicherheit oder Freiheit", dass die rechtlichen Freiheiten in der Sicherheit ihr Fundament haben, Sicherheit ist nicht der Gegenpart, sondern eine Voraussetzung der Freiheit, wie schon anhand der eingangs vorgestellten Staatstheorien von Hobbes und Locke ersichtlich wird.[54]

---

[51] GLAESSNER: Aus Politik und Zeitgeschichte (Beilage zur Wochenzeitschrift „Das Parlament") Band 10 / 11 [2002] (Anm. 2), S. 7.

[52] MEYER, BERTHOLD: *Die innere Gefährdung des demokratischen Friedens. Staatliche Terrorismusabwehr als Balanceakt zwischen Sicherheit und Freiheit.* In: *AG Friedensforschung an der Universität Kassel*, 2002 ⟨URL: `http://www.uni-kassel.de/fb5/frieden/themen/Innere-Sicherheit/meyer.html`⟩ – Zugriff am 28.04.2008

[53] Vgl. KNELANGEN, WILHELM: *Das Politikfeld der inneren Sicherheit im Integrationsprozess. Die Entstehung einer europäischen Politik der inneren Sicherheit.* Band 4, Forschungen zur europäischen Integration. Opladen: Leske+Budrich, 2001, S. 38.

[54] Vgl. MIDDEL, STEFAN; SIMITIS, SPIROS (Hrsg.): *Innere Sichereheit und*

Die Sicherheit ist somit eine der grundlegenden Aufgaben des Staates, welche sich im modernen Rechtsstaat nur schwer erfüllen lässt. Die diesen Bereich der Politik betreffenden politischen Entscheidungen und Maßnahmen werden als Sicherheitspolitik bezeichnet. Doch wie ich bereits anhand des Begriffes der Sicherheit aufzeigte, entspricht die Schlichtheit des Begriffs nicht annähernd der Komplexität des sich dahinter verbergenden Gegenstandes.

Zunächst muss bei der Betrachtung der Sicherheitspolitik unterschieden werden, ob sich die jeweiligen Maßnahmen nach außen oder nach innen richten, also ob es sich um den Bereich der äußeren oder der inneren Sicherheit handelt. Äußere Sicherheit betrifft den Teil der Sicherheitspolitik, welcher sich auf außerhalb des eigenen Staatsgebietes liegende Gefahren bezieht und damit eng mit dem Politikfeld der Außenpolitik verknüpft ist.

Dieser Bereich der Sicherheitspolitik lässt sich folgendermaßen definieren:

> Aus der Akteursperspektive der internationalen Politik heraus betrachtet, bedeutet Sicherheit die Wahrung der eigenen Autonomie (selbstbestimmte Handlungsfähigkeit) gegenüber Bedrohungen, die aus der potenziell unter Einsatz physischer Gewalt erfolgenden strategischen Interaktion mit anderen, auch nichtstaatlichen, Akteuren resultieren.[55] .

---

*präventive Terrorismusbekämpfung*. Baden-Baden: Nomos Verlagsgesellschaft, 2007, Frankfurter Studien zum Datenschutz 31, S. 322 f.

[55] Vgl. List: *Internationale Politik studieren. Eine Einführung* (Anm. 4), S. 65.

Der nach innen gerichtete Bereich der Sicherheitspolitik beinhaltet laut Manfred G. Schmidt

> "[...] die institutionellen Bedingungen, Vorgänge, Inhalte und Ergebnisse politischen Handelns, das nach Anspruch oder Funktion darauf ausgerichtet ist, Ordnungs- und Schutzaufgaben zugunsten jeden Mitglieds der Gesellschaft und der Gesamtheit der Staatsbürger zu erfüllen"[56]

Je nach Definitionsweite des verwendeten Sicherheitsbegriffs (s.o.) gehören so auch Bedrohungen wie Seuchen oder Naturkatastrophen bzw. ihre Abwehr zum Bereich der Sicherheitspolitik. Zusammenfassend lässt sich somit feststellen, dass ein Staat sowohl Gefahren des internationalen Systems, als auch Gefahren, die im Inneren der eigenen Staatsgrenzen entstehen, abwenden können soll. Während des Kalten Krieges dominierte z.B. ein sehr technisches Verständnis für äußere Sicherheit. Wenn der militärische Faktor eine Rolle spielte, war das Politikfeld der Sicherheitspolitik betroffen.[57] Seit den 1980er Jahren wird auch von einem erweiterten Sicherheitsbegriff gesprochen, der vor allem auch politische, ökonomische und ökologische Probleme im weltweiten Maßstab mitberücksichtigt.

Wie Sicherheitsbedrohungen und Sicherheitsstrategien, und damit die Aufgaben der Sicherheitspolitik, verstanden werden, hängt zudem stark von der zugrundegelegten theoretischen Basis ab. So sieht etwa eine rein realistische, real-politische Sichtweise die Versorgung mit strategisch wichtigen Gütern, wie etwa der Ein-

---

[56] SCHMIDT, MANFRED G.: *Innere Sicherheit.* In: NOHLEN, DIETER und SCHULZE, RAINER-OLAF (Hrsg.): *Lexikon der Politikwissenschaft. Theorien Methoden Begriffe.* München: Verlag C.H. Beck, $^{3}$2005, S. 378.

[57] Vgl. SIEDSCHLAG, ALEXANDER: *Einführung - Sicherheitspolitik als Methode.* In: Derselbe (Hrsg.): *Methoden der sicherheitspolitischen Analyse.* VS Verlag für Sozialwissenschaften, 2006, S. 9–19, S. 13.

fuhr von Öl, als Sicherheitsproblem, was zu einer erweiterten Agenda der Sicherheitspolitik führt: "Wahrung der Autonomie entweder durch strategische Diversifikation der Abhängigkeiten [...] oder durch notfalls gewaltsame Aufrechterhaltung der Zufuhr."[58] Statt der vom Realismus gesehenen Lösung der Selbstverteidigung und allenfalls Allianzbildung sehen Institutionalismus und Konstruktivismus dagegen weitere Möglichkeiten und Lösungsstrategien durch konstruktives politisches Handeln. Die sicherheitspolitische Strategie des Institutionalismus ist die Errichtung eines "hobbesianischen, alle zur Sicherheit zwingenden Weltstaates".[59] Nur wenn für alle Akteure im System die Bedrohung gemindert wird, ist Sicherheit erreicht. Allerdings treten bei dem Versuch, mehr Sicherheit zu erzeugen, weitere Tücken auf. Gerade politisches Handeln zur Stärkung der inneren Sicherheit gerät oft in den oben angesprochenen Konflikt, weshalb diesem Aspekt der Sicherheitspolitik in dieser Arbeit die größere Bedeutung zukommt. Zudem führt eine verschärfte Sicherheitspolitik schnell zu einer Gefahr für die Demokratie. Wo Sicherheit geschaffen werden soll, muss es schnell gehen, von einem Staat bzw. seiner Regierung wird in Bedrohungssituationen erwartet, schnell zu handeln, parlamentarisch-demokratische Prozeduren und Diskussionen stören dabei. Die Exekutive bestimmt neue Instrumente zur Gefahrenabwehr, wie beispielsweise Inhalte des Strafrechts, und dem eigentlichen Strafgesetzgeber bleibt nur die formale Bestätigung. [60]

[58] List: *Internationale Politik studieren. Eine Einführung* (Anm. 4), S. 66.
[59] A. a. O., S. 67.
[60] Vgl. Albrecht, Peter-Alexis: *Die vergessene Freiheit - Strafrechtsprinzipien in der europäischen Sicherheitsdebatte.* In: *Sicherheit vor Freiheit? Terrorismusbekämpfung und die Sorge um den freiheitlichen Rechtsstaat.* Berlin: Friedrich Ebert Stiftung, 2003, S. 9–18, S. 13.

# 5 Veränderungen der sicherheitspolitischen Rahmenbedingungen

Nach dem Ende des Kalten Krieges hoffte man in den westlichen Industrienationen, dass nun auch das Ende des letzten, den Weltfrieden ernsthaft bedrohenden, internationalen Konflikts gekommen sei. Besonders in den Vereinigten Staaten, als einziger verbliebener Supermacht bestand ein Gefühl der Sicherheit.[1] Doch diese Hoffnung auf ein Zeitalter des Friedens wurde bereits in den frühen neunziger Jahren durch Konflikte auf dem Balkan, in Teilen Afrikas und im Nahen Osten zerstört.

Die Art der Konfliktaustragung hatte sich zudem fundamental verändert. Die meisten[2] dieser gewaltsam ausgetragenen Konflikte waren nicht mehr "klassisch inter-nationale Kriege zwischen Staaten"[3], sondern bestanden vielmehr aus bürgerkriegsähnlichen, inner-gesellschaftlich ausgetragenen Konflikten zwischen bewaffneten politischen Lagern, lokalen Machthabern oder marodierenden Banden, welche äußerst gewaltsam ausgetragen wurden und oft als Reaktionen auf den Zusammenbruch von Staaten und daraus resultierenden Machtvakuen entstanden sind.[4] Es lässt sich eine deutliche Tendenz zur Privatisierung und Kom-

[1] Vgl. Kunschak: *Sicherheit oder Freiheit? Terrorismusbekämpfung und persönliche Freiheitsrechte in den USA nach dem 11. September* (Anm. 3), S. 7.

[2] Der Angriffskrieg des Iraks auf Kuwait 1990 bildet hier eine spektakuläre Ausnahme.

[3] List: *Internationale Politik studieren. Eine Einführung* (Anm. 4), S. 69.

[4] Vgl. a. a. O.

merzialisierung des Krieges erkennen, lokale Kriegsherren, Bandenführer, Söldnerfirmen und auch international vernetzte und einsetzbare Glaubenskrieger steigen mehr und mehr zum eigentlichen Akteur des Kriegsgeschehens auf. Inzwischen sind nur noch etwa zehn Prozent aller weltweit geführten Kriege Staatenkriege im klassischen Sinn.[5]

Diese neuen Konflikte führten zu einer starken Betroffenheit und Ernüchterung in der westlichen Welt und zerstörten die Friedensvisionen, die nach dem Ende des Kalten Krieges aufgekommen waren. Auch bezüglich der möglichen Bedrohung von Frieden und Freiheit hatten sie zu einem Umdenken geführt, denn hatte man angesichts totalitärer Regime im 20. Jahrhundert in der Perfektionierung staatlicher Gewalt und Meinungskontrolle die größte Bedrohung von Frieden und Freiheit gesehen, zeigte sich nun durch Staatszerfall und andauernde Bürgerkriege in vielen Teilen der Welt, dass das staatliche Gewaltmonopol eine notwendige, wenn auch nicht hinreichende Bedingung von Frieden und Freiheit ist. [6]

Doch bleibt für diese Konflikte selbst festzuhalten, dass keiner ansatzweise eine Bedrohung für die westliche Welt selbst darstellte. Keiner dieser Konflikte erreichte ein Bedrohungspotential in der Größenordnung, wie es zuvor der Sowjetkommunismus und das nukleare Wettrüsten während des Kalten Krieges für die marktwirtschaftlich orientierten demokratischen Staaten gewesen war.

Dies änderte sich durch die verheerenden Anschläge am 11. September 2001 auf das World Trade Center in New York und

[5]Vgl. MÜNKLER, HERFRIED: *Sind wir im Krieg? Über Terrorismus, Partisanen und die neuen Formen des Krieges.* In: *Politische Vierteljahresschrift*, 42 Dezember 2001, Nr. vier, S. 581–589, S. 584.

[6]Vgl. ECKERT, ROLAND: *Die Eskalation unregulierter Konflikte - Möglichkeiten und Grenzen der Prognose von Terrorismus.* In: KEMMESIES, UWE E. (Hrsg.): *Terrorismus und Extremismus - der Zukunft auf der Spur.* Köln: Luchterhand Fachverlag, 2006, S. 71–84, S. 71.

das Pentagon in Washington schlagartig und die Rolle einer existentiellen Bedrohung wird seitdem dem internationalen Terrorismus zugeschrieben.[7]

Diese Anschläge verdeutlichten in besonders grausamer Weise das heutige Potential terroristischer Handlungsmacht und trafen die USA und ihre Verbündeten unvorbereitet. Doch das Ausmaß dieser Anschläge war neu: die immens hohe Zahl von Opfern und die unvergleichliche Medienpräsenz. Durch die Massenmedien verbreitete sich die Nachricht von den Anschlägen in kürzester Zeit in aller Welt und ließ die Menschen an den Anschlägen und am Leid der Betroffenen teilhaben. Zudem handelte es sich um Anschläge auf Schlüsselsymbole der westlichen Welt und das auf dem Staatsgebiet der Vereinigten Staaten - der einzig verbliebenen Supermacht. Allein diese Tatsache erzeugte eine beträchtliche Wirkung, denn, folgt man der amerikanischen "Kriegs-Rhetorik" (s.o.) und definiert diesen Anschlag als einen kriegerischen Angriff, so wäre dies der erste Angriff auf amerikanischem Boden durch eine ausländische Macht seit dem Angriff vom 7. Dezember 1941 durch das japanische Kaiserreich.[8]

Für die in dieser Arbeit betrachteten Akteure USA und EU stellte der Terrorismus an sich allerdings kein völlig neues Phänomen dar. Auf dem Gebiet der EU hatte man sich bereits der Rote Armee Fraktion (RAF) in der Bundesrepublik Deutschland, der baskischen Untergrundorganisation Euskadi Ta Askatasuna (ETA) in Spanien oder der Irish Republican Army (IRA) in Großbritannien stellen müssen. Auf dem Gebiet der Vereinig-

[7] Vgl. KUNSCHAK: *Sicherheit oder Freiheit? Terrorismusbekämpfung und persönliche Freiheitsrechte in den USA nach dem 11. September* (Anm. 3), S. 8.

[8] Vgl. THE WHITE HOUSE - OFFICE OF THE PRESS SECRETARY: *Address to a Joint Session of Congress and the American People - September 20, 2001.* ⟨URL: `http://www.whitehouse.gov/news/releases/2001/09/20010920-8.html`⟩ – Zugriff am 21.04.2008

ten Staaten waren terroristische Übergriffe mit rechtsradikalem Hintergrund häufig festzustellen sowie Anschläge auf amerikanische Einrichtungen im Ausland. Doch diese Anschläge basierten immer auf politischen Forderungen und richteten sich zumeist gegen Funktionsträger ohne auf besonders große zivile Opfer aus zu sein. Auch fanden die Anschläge in nationalem Rahmen statt.

Die neue Form des internationalen Terrorismus besitzt dagegen ein bisher nicht gekanntes Maß an Professionalität und Globalität. Hinzu kommt der Einsatz von High Tech, wie den modernsten Waffen und Kommunikationssystemen. Da der internationale Terrorismus auf die Schlüsselsymbole und Infrastruktur der westlichen Industrienationen - der "freien Welt" - abzielt, ist die Zahl der möglichen Ziele nahezu unbegrenzt.[9]

Für die westlichen Demokratien geht eine Gefahr nicht mehr länger von den Armeen verfeindeter Staaten und dem Vernichtungspotenzial der Nuklearwaffen aus, sondern von in "[...] Netzwerken organisierten Terrorzellen, die sich durch kein international geltendes Ordnungsmodell einschränken noch durch militärische Macht abschrecken lassen."[10] Diese neu entstandene asymmetrische Bedrohungslage verurteilte damit alle bisherigen Sicherheits- und Abwehrmaßnahmen zum Scheitern, da diese von "[...] strukturell und taktisch ähnlich denkenden und handelnden Akteuren ausgehen".[11] Die Besonderheiten dieser Sicherheitsbedrohung liegen im Gegensatz zu den "klassischen" Bedrohungen darin, dass es sich weniger um eine Bedrohung der territorialen Integrität eines Staates, sondern vielmehr um eine Gefährdung der individuellen Unversehrtheit der Bürger bzw. Bewohner ei-

---

[9] Vgl. WEIDENFELD, WERNER: *Für ein System kooperativer Sicherheit.* In: Derselbe (Hrsg.): *Herausforderung Terrorismus - Die Zukunft der Sicherheit.* Wiesbaden: VS Verlag für Sozialwissenschaften, 2004, S. 11–28, S. 11.

[10] Ebd.

[11] A. a. O., S. 12.

nes oder mehrer Staaten handelt. Zudem handelt es sich bei den "Angreifern" um gewaltbereite Akteure, die keinem Staat zuzuordnen sind.[12] Durch diese Anschläge wurde endgültig deutlich gemacht, dass nichtstaatliche politische Gewalt sich nicht auf einzelne Gesellschaften beschränkt, sondern durchaus fähig ist, sich global auszubreiten und zu vernetzten. [13] Ein weiterer Aspekt des internationalen Terrorismus mit immenser psychologischer Wirkung ist der Einsatz so genannter "Schläfer". Die Täter des 11. September 2001 waren keine "dumpfen Bergbauern aus dem Hindukusch"[14], sie waren bislang polizeilich unauffällig gebliebene Studenten, die seit Jahren in westlichen Ländern lebten.[15] Die Täter planten ihre Anschläge unauffällig mitten in Europa. Für die westlichen Demokratien entstand so ein "unheimlicher, omnipräsenter Feind im Inneren".[16]

Die Erfahrung des Ausgeliefertseins und der Schutzlosigkeit ist neu für die westlichen Staaten, insbesondere für die Supermacht USA und führt zu einer merkwürdigen Paradoxie: "Nie war die militärische Überlegenheit der freien Welt größer, nie verfügte sie über präzisere Waffen - und dennoch macht sich das Gefühl der Unsicherheit und der Schutzlosigkeit breit."[17]Diese Einschätzung

---

[12]Vgl. Bauer, Michael und Algieri, Francio: *Viel erreicht, aber noch viel zu tun: Die Vielschichtigkeit europäischer Maßnahmen zur Bekämpfung des Terrorismus.* In: Müller, Erwin und Schneider, Patricia (Hrsg.): *Die Europäische Union im Kampf gegen den Terrorismus: Sicherheit vs. Freiheit?* Band Frieden durch Recht VII, Nomos Verlag, 2006, S. 163–179, S. 163.

[13]Vgl. Eckert: Die Eskalation unregulierter Konflikte - Möglichkeiten und Grenzen der Prognose von Terrorismus (Anm. 6), S. 71.

[14]Hirsch, Burkhard: *Terrorbekämpfung und Bürgerrechte.* In: Müller, Erwin und Schneider, Patricia (Hrsg.): *Die Europäische Union im Kampf gegen den Terrorismus: Sicherheit vs. Freiheit?* Band Frieden durch Recht VII, Nomos Verlag, 2006, S. 43–58, S. 43

[15]Vgl. a. a. O., S. 43.

[16]Gössner, Rolf: *Menschenrechte in Zeiten des Terrors Kollateralschäden an der "Heimatfront".* Hamburg: Konkret Literatur Verlag, 2007, S. 11.

[17]Weidenfeld: Für ein System kooperativer Sicherheit (Anm. 9), S. 11.

des Kriegsgeschehens in der Gegenwart entspricht der vorherrschenden Meinung in der Forschung, ist aber keineswegs vollkommen unstrittig.[18] Da die in dieser Arbeit untersuchten Ergebnisse von Politik und Gesetzgebung im Wesentlichen der dargestellten Sichtweise folgen, wird auf eine Betrachtung weiterer moderner Kriegstheorien im Rahmen dieser Arbeit verzichtet.

Allerdings weisen sowohl der Begriff des Terrorismus als auch der der Terrorismusbekämpfung eine Reihe von Eigenschaften auf, die eine sachliche Diskussion stark erschweren. Die Begriffe sind inhaltlich äußerst vielschichtig und zudem emotional stark aufgeladen, wodurch sie sich einer eindeutigen und anerkannten Definition entziehen. Erschwerend kommt hinzu, dass ihr Gebrauch zumeist mit bedeutenden politischen Konsequenzen verbunden ist.[19] Problematisch wird es, wenn die Begriffe auf einen Aspekt reduziert werden. So lehnen beispielsweise einige Autoren und politische Akteure den Begriff der Terrorismusbekämpfung ab, "[...] da sie ihn auf ein repressives, polizeistaatliches oder gar militärisches Bekämpfungsverständnis reduziert sehen bzw. selbst darauf reduzieren."[20] Begriffe wie „Terrorismusprävention" oder "Terrorismusabwehr" schließen dagegen eine Vielzahl von Komponenten aus, die je nach Art der Bedrohung und der Phase ihrer Bekämpfung breiten Raum einnehmen.[21] Sinnvoll erscheint es daher, unter dem Begriff der Terrorismusbekämpfung konsequent eine Vielzahl unterschiedlicher Maßnahmen zu erfassen, deren Ziel die Bekämpfung von Terrorismus ist, gleichgültig, um

---

[18] Für eine ausfürliche Betrachtung der Kontroverse vergleiche z.B. SCHLICHTE, KLAUS: *Neue Kriege oder alte Thesen? Wirklichkeit und Repräsentation kriegerischer Gewalt in der Politikwissenschaft.* In: GEISS, ANNA (Hrsg.): *Neue Kriegstheorien.* Baden-Baden: Nomos Verlagsgesellschaft, 2006, S. 111–131, S. 111 ff.

[19] Vgl. URBAN: *Die Bekämpfung des Internationalen Islamistischen Terrorismus* (Anm. 2), S. 17.

[20] A. a. O., S. 18.

[21] Ebd.

welche Art von Maßnahmen es sich hierbei handelt.[22] Die aufgezeigten Schwierigkeiten bei der Bestimmung des Begriffs Terrorismusbekämpfung lassen erahnen, dass es ebensowenig möglich ist, an dieser Stelle eine eindeutige und für alle Akteure universell anwendbare Definition des Phänomens Terrorismus zu geben. Auch hängen die Auffassungen von Terrorismus und denen über seine Bekämpfung eng zusammen, was unter anderem dazu führt, dass einzelne Akteure die Bedrohungssituation unterschiedlich interpretieren, wodurch sie sich auch in ihrer Sicherheitspolitik deutlich unterscheiden. Dies spielt für diese Arbeit insofern eine bedeutende Rolle, da man im angloamerikanischen Kulturraum die Anschläge des 11. September 2001 als kriegerischen Angriff interpretiert und sich dementsprechend in einem „Krieg gegen den Terrorismus" sieht und somit den militärischen Aspekt der Bekämpfung begrifflich verabsolutiert, während auf dem europäischen Kontinent terroristische Anschläge als schwere Straftaten angesehen werden und somit unter die Verbrechensbekämpfung fallen. Auf diese Unterscheidung sowie ihre Gründe und Auswirkungen werde ich im Verlauf der Arbeit noch ausführlich zu sprechen kommen.

Wie bereits dargelegt, besteht zwischen innerer Sicherheit und persönlicher Freiheit ein äußerst "prekäres Gleichgewicht"[23], welches durch Sicherheitsbedrohungen wie einen terroristischen Anschlag empfindlich und oft irreversibel gestört wird. Bei einem terroristischen Angriff sind hierbei sogar die eigentlichen politischen oder anderweitig motivierten Ziele unerheblich, da jeder Anschlag auf einen modernen Rechtsstaat darauf abzielt, das staatliche Gewaltmonopol und die politische Ordnung (welche für die Bürger gleichermaßen Verlässlichkeit und damit Sicherheit wie auch Garantie der Grundfreiheiten bedeutet) außer

[22]So ebenfalls a. a. O.

[23]Vgl. MEYER: AG Friedensforschung an der Universität Kassel 2002 (Anm. 52)

Kraft zu setzen. Zudem besitzt jeder terroristische Anschlag eine große öffentliche Wirkung.[24] Ein Anschlag verbreitet Angst und Schrecken in der Bevölkerung, welche durch den überraschenden und unvorhersehbaren Charakter solcher Anschläge noch verstärkt werden. Terrorismus stärkt das Bedürfnis nach Sicherheit und schafft zudem ein Misstrauen in die Fähigkeit des Staates, diese zu garantieren. Der Staat ist somit zum Handeln gezwungen, wodurch das Gleichgewicht zwischen Freiheit und Sicherheit zugunsten der Sicherheit verschoben werden muss.[25]

Auch möchte ich an dieser Stelle darauf hinweisen, dass neben den neuen Bedrohungsszenarien auch die alten in teilweise veränderter oder auch unveränderter Form weiterexistieren. Risiken für die freiheitliche Demokratie bilden auch weiterhin Gefahren wie Rechtsextremismus oder die organisierte Kriminalität. Eine einseitige Fokussierung der Sicherheitspolitik auf den Bereich der Terrorismusbekämpfung wäre völlig verfehlt.[26]

Der internationale Terrorismus rückt lediglich in das Zentrum der Analyse, da er als das "Musterbeispiel" für die neue Form von Sicherheitsbedrohung, die sich nicht "[...] aus dem relativ linearen und konventionellen Interagieren staatlicher Akteure, sondern aus dem Zusammenspiel verschiedener politischer, ökonomischer, technologischer, sozialer und sogar kultureller Faktoren erklären lässt" gilt.[27] So bestehen laut einer Studie der Bertelsmann-Stiftung aus dem Jahre 2006 die Hauptmotive für

---

[24]Vgl. MEYER: AG Friedensforschung an der Universität Kassel 2002 (Anm. 52)

[25]Vgl. a. a. O.

[26]Vgl. GUSY, CHRISTOPH: *Präventionsstaat zwischen Rechtsgüterschutz und Abbau von Freiheitsrechten in Deutschland.* In: DIETER SIMON, KURT GRAULICH UND (Hrsg.): *Terrorismus und Rechtstaatlichkeit - Analysen, Handlungsoptionen, Perspektiven.* Berlin: Akademie Verlag, 2007, Forschungsberichte der Interdisziplinären Arbeitsgruppe der Berlin-Brandenburgischen Akademie der Wissenschaften, S. 273–294, S. 273.

[27]URBAN: *Die Bekämpfung des Internationalen Islamistischen Terrorismus* (Anm. 2), S. 121.

die in bestimmten Regionen wachsende politische Gewalt aus Armut, Misswirtschaft und Korruption, ethnische Spaltung und Nationalismus, Unterdrückung und externe Intervention. Dagegen liegen sie nicht primär im religiösen Fundamentalismus.[28][29] Ein international agierender Terrorismus stellt zudem eine völlig neuartige Form der Bedrohung dar, welche eine außerordentlich starke Wirkung auf die Politik der westlichen Demokratien ausübt und zu zahlreichen, sehr tiefgehenden Veränderungen in der Sicherheitspolitik führte. Eine Vielzahl der Maßnahmen gegen den internationalen Terrorismus versucht zudem benachbarte Bedrohungen wie die organisierte Kriminalität mit zu erfassen. Somit lässt sich am Feld der Terrorismusbekämpfung gut eine Verschärfung der Sicherheitspolitik und das hierdurch verursachte Umdenken bezüglich Demokratie und Rechtsstaatlichkeit aufzeigen.

[28] GÖSSNER: *Menschenrechte in Zeiten des Terrors Kollateralschäden an der "Heimatfront"* (Anm. 16), S. 22.

[29] Die Ansicht, der religiösen Fundamentalismus sei keine primäre Ursache des Terrorismus, ist in der wissenschaftlichen Diskussion der Terrorismusforschung umstritten. Da die Ursachen des internationalen Terrorismus allerdings hier nur als Beispiel fungieren, erlaube ich mir an dieser Stelle auf die Diskussion nicht weiter einzugehen.

# 6 Verschärfte Sicherheitspolitik nach dem 11.09.2001

Wie bereits ausführlich dargelegt, machten die Anschläge vom 11.09.2001 in New York und Washington das Potential dieser neuartigen internationalen Bedrohung deutlich. Die bisherigen Sicherheitskonzepte scheinen nicht mehr zu greifen und neue Instrumente werden notwendig.

Im Folgenden möchte ich nun die sicherheitspolitischen Reaktionen der Vereinigten Staaten und der Europäischen Union auf die Anschläge vom 11.09.2001 und die nachfolgenden Anschlägen ausführlich betrachten.

## 6.1 Sicherheitspolitische Reaktionen in den USA

Die Reaktion der Vereinigten Staaten auf den 11. September 2001 ist die drastischste und umfassendste Antwort eines Staates auf einen Terroranschlag in der neueren Geschichte.[1] Die Bekämpfung dieser neuen Bedrohung "[...] stellt seit "9/11" "die

[1] Vgl. SHAPIRO, JEREMY: *Die Reaktion der Vereinigten Staaten auf den 11. September 2001.* In: BENNER, THORSTEN und FLECHTNER, STEFANIE (Hrsg.): *Demokratien und Terrorismus ? Erfahrungen mit der Bewältigung und Bekämpfung von Terroranschlägen. Fallstudien USA, Spanien, Niederlande und Großbritannien.* Bonn: Friedrich-Ebert-Stiftung, 2007, Internat. Politikanalyse (Frieden und Sicherheit) ⟨URL: `http://library.fes.de/pdf-files/id/04254.pdf`⟩, S. 4–9, S. 4.

Hauptdeterminante der US-amerikanischen Politik"[2] dar. Bereits einen Tag nach den Anschlägen bezeichnete die US-Regierung diese als über einen Terroranschlag hinausgehende kriegerische Angriffe: "The deliberate and deadly attacks [...] were more than acts of terror. They were acts of war."[3] Die Reaktion der Vereinigten Staaten war entsprechend, am 20.09.2001 kündigte Präsident Bush einen Krieg gegen den Terror an: "Our war on terror begins with al Qaeda, but it does not end there. It will not end until every terrorist group of global reach has been found, stopped and defeated."[4] Die aus der neuartigen Bedrohungssituation des international agierenden Terrorismus entstandene Problematik, dass es sich bei dem Feind in diesem nun zu führenden Krieg um einen "Feind ohne Gestalt" handelt, wurde gelöst bzw. umgangen, indem der saudi-arabische Bauunternehmer Osama bin Laden und die von ihm kontrollierte Al Qaida-Organisation buchstäblich als Verkörperung des internationalen Terrorismus dargestellt werden.[5] Die USA drohen allen Staaten, welche die Terroristen schützen, mit ihrer militärischen Überlegenheit: "They will hand over the terrorists, or they will share in their fate".[6]

Diese "Kriegs-Rhetorik" der US-Regierung ist häufig stark kritisiert worden.[7] Die diesbezügliche Diskussion hier ausführlich

[2] Kunschak: *Sicherheit oder Freiheit? Terrorismusbekämpfung und persönliche Freiheitsrechte in den USA nach dem 11. September* (Anm. 3), S. 8.

[3] The White House - Office of the Press Secretary: *President Bush Meets with National Security Team - September 12, 2001.* ⟨URL: `http://www.whitehouse.gov/news/releases/2001/09/20010912-4.html`⟩ – Zugriff am 21.04.2008

[4] Vgl. ders.: Address to a Joint Session of Congress and the American People - September 20, 2001 (Anm. 8)

[5] Vgl. Münkler: Politische Vierteljahresschrift 42 [2001] (Anm. 5), S. 581.

[6] Vgl. The White House - Office of the Press Secretary: Address to a Joint Session of Congress and the American People - September 20, 2001 (Anm. 8)

[7] Zur Debatte über die Verwendung des Kriegs-Begriffes vergleiche z.B. Münkler: Politische Vierteljahresschrift 42 [2001] (Anm. 5)

darlegen zu wollen, würde hier zu weit gehen.. Ich werde im Folgenden allerdings die beiden Hauptargumente kurz anführen, da sie zum Verständnis der amerikanischen und europäischen Sicherheitspolitik beitragen und es für die Frage der Legitimität der aktuellen Terrorismusbekämpfungsmaßnahmen im Kontext dieser Arbeit bedeutsam ist, ob man die USA (und durch den ausgerufenen Bündnisfall die gesamte NATO) als im Krieg befindlich ansieht.

Gegen die Verwendung des Kriegsbegriffes wird eingewendet, dass die US-Regierung damit das Selbstverständnis der terroristischen Akteure, als Kämpfer für politische oder religiöse Ideologien in einem Krieg zu fungieren, bestätige. Alternativ wird vorgeschlagen die terroristischen Angriffe vom 11.09.2001 als Verbrechen zu begreifen, "[...] dessen Bekämpfung wesentlich der Polizei obliege, die freilich ausnahmsweise auch einmal, wo dies zur Durchführung einer Festnahme unverzichtbar sei, durch das Militär unterstützt werden könne".[8] Terroristen wären somit generell als Kriminelle betrachtet, die es mit polizeilichen Mitteln zu verfolgen und mit den Mitteln des Strafrechts zu bestrafen gilt. Diese Ansicht wird beispielsweise so im europäischen Raum für die europäische Sicherheitspolitik vertreten. Die Auffassung, die Anschläge seien ein kriegerischer Angriff gewesen, impliziert, dass Terrorismus als eine mögliche politisch-militärische Strategie begriffen werden müsste. Die Anschläge von New York und Washington wären also nicht als Verzweiflungshandlungen religiös-ideologisch fehlgeleiteter Menschen, sondern als langfristig geplanter und aufgebauter Angriff zu sehen, welcher primär die Zerstörung von Symbolen der amerikanischen Macht zum Ziel hatte.[9] So betrachtet würde es sich bei den Anschlägen um Kriegshandlungen handeln, "[...] da sich die Akteure in ihnen

[8] A. a. O., S. 582.
[9] Vgl. a. a. O., S. 587.

nicht zeitweilige persönliche Vorteile zu verschaffen versuchen, sondern durch sie einen ihren eigenen Absichten und Bestrebungen entgegenstehenden Willen brechen oder doch zumindest schwächen wollen".[10] Lediglich handelt es sich bei dem Gegner nicht um eine nationalstaatliche Armee, sondern um ein international operierendes Netzwerk und damit um eine neuartige Form des Krieges. So hängt die Legitimität einer gezielten Tötung von Terrorverdächtigen im Wesentlichen davon ab, ob der ausgerufene Kriegszustand auch juristisch akzeptiert wird. Wird dieser Zustand von der *War Power Resolution* (1973) getragen, so dürfte diese drastische Maßnahme zu rechtfertigen sein.[11] Das "Kriegs-Paradigma" dient allerdings auch zur Legitimierung von starken Eingriffen in die Innenpolitik und das Recht, denn "das Gefühl sich in einem Krieg zu befinden, erhöht zugleich die Bereitschaft, Fehler und Kosten einer Kriegsführung hinzunehmen"[12].

Der Aufstieg der USA zur Supermacht war stets gekennzeichnet durch den Einsatz militärischer Macht. Insbesondere das Wettrüsten während des Kalten Krieges ließ die Rüstungsausgaben der USA emporschnellen. Doch auch in den letzten Jahren, in der Amtszeit von Präsident George W. Bush, wurden die Militärausgaben weiter erhöht, so dass die USA nahezu so viel für Rüstung ausgeben wie der Rest der Welt zusammen. Diese herausragende militärische Überlegenheit und die Stellung als ein-

---

[10] Münkler: Politische Vierteljahresschrift 42 [2001] (Anm. 5), S. 587.

[11] Vgl. Adam, Rudolf: *Einleitung.* In: Dieter Simon, Kurt Graulich und (Hrsg.): *Terrorismus und Rechtstaatlichkeit - Analysen, Handlungsoptionen, Perspektiven.* Berlin: Akademie Verlag, 2007, Forschungsberichte der Interdisziplinären Arbeitsgruppe der Berlin-Brandenburgischen Akademie der Wissenschaften, S. 221 – 226, S. 223 f.

[12] Vgl. Arzt, Clemens: *Präventionsstaat zwischen Rechtsgüterschutz und Abbau von Freiheitsrechten in den USA.* In: Dieter Simon, Kurt Graulich und (Hrsg.): *Terrorismus und Rechtstaatlichkeit - Analysen, Handlungsoptionen, Perspektiven.* Berlin: Akademie Verlag, 2007, Forschungsberichte der Interdisziplinären Arbeitsgruppe der Berlin-Brandenburgischen Akademie der Wissenschaften, S. 241–271, S. 242.

ziger verbliebener Supermacht lässt die Bedeutung realistischer Machtfaktoren in der Außenpolitik der Vereinigten Staaten erkennen.[13]

Außenpolitisch war das erste Ziel des amerikanischen Gegenschlages Afghanistan und seine Taliban-Führung. Hier sollen sich nach Geheimdienstinformationen die führenden Köpfe des Terrornetzwerkes Al-Qaida aufhalten und Trainingslager für Terroristen betreiben. So wurde versucht das global ausgespannte terroristische Netzwerk zu territorialisieren und damit greifbar werden zu lassen, das Problem sollte damit auf eine staatliche Ebene gehoben und lösbar gemacht werden. Doch war hier bereits klar, dass es sich allenfalls um einen kleinen Teil des internationalen Terrorismus handelt und der Krieg sich deutlich länger hinziehen würde.[14] Da ein Appell an die afghanische Führung fruchtlos blieb, begannen die USA und Großbritannien am 7. Oktober 2001 mit Luftangriffen gegen Afghanistan. Trotz militärischer Erfolge und dem Sturz des Taliban-Regimes gelang es während des Krieges nicht, die Führungsspitze von Al-Qaida gefangen zu nehmen. In seiner *State of the Union*-Rede am 29. Januar 2002 fügte der amerikanische Präsident das Ziel, Staaten an der Entwicklung von und Drohung mit chemischen, biologischen oder nuklearen Waffen zu hindern, den bisherigen Zielen der amerikanischen Außen- und Sicherheitspolitik hinzu.[15] Die außenpolitische Strategie der USA wurde schließlich im Herbst 2002 in der *National Security Strategy*[16] zusammengefasst:

---

[13]Vgl. List: *Internationale Politik studieren. Eine Einführung* (Anm. 4), S. 107.

[14]Vgl. Münkler: Politische Vierteljahresschrift 42 [2001] (Anm. 5), S. 581.

[15]Vgl. The White House - Office of the Press Secretary: *President Delivers State of the Union Address.* ⟨URL: `http://www.whitehouse.gov/news/releases/2002/01/20020129-11.html`⟩ – Zugriff am 02.05.2008

[16]The White House: *The National Security Strategy of the United States of America.* ⟨URL: `http://www.whitehouse.gov/nsc/nss.pdf`⟩ – Zugriff

Das traditionelle Prinzip der Abschreckung stoße angesichts einer Bedrohung durch terroristische Netzwerke, einem weltweit ausufernden Bestand an Massenvernichtungswaffen und der Existenz von "Schurkenstaaten" an ihre Grenzen. Die klassische reaktive Sicherheitsstrategie soll nun durch einen proaktiven Ansatz ergänzt werden. Die angeführten neuen Strategien beinhalten die Möglichkeit eines Präventivschlages sowie den sonstigen präventiven Einsatz militärischer Kräfte, falls eine Bedrohung durch Massenvernichtungswaffen nicht anders gestoppt werden kann. Die USA bekennen sich hierbei ausdrücklich zu internationalen Organisationen, messen diese allerdings an ihrem Beitrag zur Wahrung der Sicherheit. Von der US-Administration wird die Mitgliedschaft in diesen Organisationen auch als Fesselung der Supermacht angesehen.[17] Dies zeigte sich nur allzudeutlich in den Reaktionen auf die Anschläge vom 11.09.2001, insbesondere in der *National Security Strategy,* wo die USA ganz klar die Option des Alleingangs herausstellen, falls die internationalen Organisationen zu den Zielen der USA keinen angemessenen Beitrag zu leisten vermögen. Falls internationale Akteure nicht in der Lage seien, ihrem Auftrag nachzukommen und die Interessen der USA es erfordern, wird in der *National Security Strategy* ausdrücklich auf die Bereitschaft zu eigenständigen Handlungen der USA hingewiesen.[18]. Die USA verwiesen sogar darauf, dass ein "[...] rasches und entschlossenes Handeln auch dann möglich sein müsse, wenn der Sicherheitsrat der Vereinten Nationen blo-

am 02.05.2008

[17]Vgl. List: *Internationale Politik studieren. Eine Einführung* (Anm. 4), S. 107 f.

[18]Vgl. Knelangen, Wilhelm: *Die Ambitionen Europas und die Erfahrung des Scheiterns - Die Europäische Union und der 'Krieg gegen den Terrorismus'.* In: Pradetto, August (Hrsg.): *Sicherheit und Verteidigung nach dem 11. September 2001. Akteure – Strategien – Handlungsmuster.* Band 1, Peter Lang GmbH Europäischer Verlag der Wissenschaften, 2004, S. 175–201, S. 190.

ckiert ist und sich einer Bedrohung der internationalen Sicherheit nicht annimmt."[19] Diese Strategie war der Auftakt zu bis heute andauernden Kampfaktionen der USA und ihrer Verbündeten gegen den internationalen Terrorismus und sog. "Schurkenstaaten", die verdächtigt wurden, den internationalen Terrorismus zu unterstützen oder selbst zu einer Bedrohung für die internationale Sicherheit zu werden.

Die Terroranschläge machten den Vereinigten Staaten endgültig deutlich, dass ihre bisherigen Sicherheitsstrategien, insbesondere die Abschreckung durch die deutliche militärische Übermacht, angesichts der neuen sicherheitspolitischen Rahmenbedingungen nicht mehr fruchteten. Dies führte zu einer deutlichen Akzentverschiebung in der amerikanischen Politik, welche sich in der Zuspitzung der Außenpolitik zeigt.[20]

Doch auch in der amerikanischen Innenpolitik gab es eine Reihe von Veränderungen. Zunächst wurden durch den *U.S.A. PATRIOT Act* vom 26. Oktober 2001, auf welchen ich im Folgenden noch ausführlich eingehen werde, die Grundlage für eine groß angelegte "Anti-Terror-Politik" geschaffen. Durch dieses Gesetz wurde eine Vielzahl neuer Befugnisse geschaffen, die Eingriffsschwellen für Polizei, Sicherheits- und Nachrichtendienste deutlich herabgesetzt und die Einreise- und Einwanderungsbestimmungen wurden stark verschärft. Mit dem Homeland Security Act vom 25. November 2002 wurden umfassende neue organisatorische Strukturen für die Bekämpfung des Terrorismus geschaffen, insbesondere die gigantische Behörde des *Department of Homeland Security.* Weitere Gesetze mit ähnlich freiheitseinschränkenden Befugnissen folgten, so beispielsweise der *Intelligence Reform and Terrorism Prevention Act* vom Dezember

[19]Ebd.
[20]Vgl. a. a. O., S. 187.

2004.[21] Der Interpretation der Anschläge als kriegerische Angriffe folgend verabschiedete der Kongress bereits am 14. September 2001 die *Authorization for Use of Military Force Against Terrorists* (AUMF)[22]. Dieses Dokument beinhaltet eine breite Vollmacht für den Präsidenten und gestattet ihm, alle „notwendige und angemessene Gewalt“ gegen diejenigen einzusetzen, welche nach seinem Ermessen die Angriffe am 11. September 2001 „geplant, autorisiert, durchgeführt oder unterstützt“ oder beteiligten Personen oder Gruppen geholfen haben.[23] Das Gesetz wurde ohne Gegenstimmen im Kongress angenommen und nach der Unterzeichnung durch den Präsidenten am 18. September 2001 rechtskräftig. Diese deutliche Machterweiterung der Exekutive führte zu einer großen Zahl an Verhaftungen, insbesondere in Afghanistan und bildet die rechtliche Grundlage für das Gefangenenlager Guantánamo Bay auf Cuba.[24] Doch darf nicht übersehen werden, dass bereits vor dem 11. September 2001 Gesetze mit ähnlicher Ausrichtung verabschiedet wurden, beispielsweise der *Antiterrorism and Effective Death Penalty Act* von 1996, welcher bereits härtere Strafen für Terroristen und eine Erleichterung der Abschiebung ausländischer Straftäter beinhaltet. Allerdings hat die Zahl solcher Gesetze seit den Anschlägen 2001 deutlich zugenommen, während die vor den Anschlägen sehr stark geäußerten Bedenken der Opposition gegen einen Abbau der Grundrechte

---

[21] Vgl. ARZT: Präventionsstaat zwischen Rechtsgüterschutz und Abbau von Freiheitsrechten in den USA (Anm. *12), S. 242*.

[22] Einsehbar unter: *http://www.yale.edu/lawweb/avalon/sept_11/sjres23_eb.htm*; Zugriff am 02.06.2008

[23] Vgl. GILL, TERRY D. und SLIEDREGT, ELIES VAN: *Guantánamo Bay: a reflection on the legal status and rights of 'unlawful enemy combatants'.* In: HOL, ANTOINE M. und VERVAELE, JOHN A. E. (Hrsg.): *Seurity and civil liberties: The case of terrorism.* Antwerpen / Oxford: Intersentia, 2005, Utrecht Law Review Yearbook 2005, S. 28–54, S. 17.

[24] Vgl. a. a. O.

ebenso deutlich zurückgingen.[25] Die im Kontext dieser Arbeit bedeutendsten Gesetzesreformen wurden größtenteils durch den "Patriot Act" sowie den "Homeland Security Act" realisiert. Diese beiden Gesetzespakete und ihre Auswirkungen möchte ich nun genauer betrachten.

### 6.1.1 Der U.S.A. Patriot Act

Nach den Anschlägen in New York und Washington wurde die in den USA vorherrschende Stimmung der Angst und der Schutzlosigkeit durch eine Serie weiterer, kleiner Anschläge verstärkt.[26] Zudem führten wiederholte Warnungen der Behörden und die entsprechende Berichterstattung der Medien zu einer Verstärkung der hysterischen Stimmung in der amerikanischen Bevölkerung.[27] Wie groß tatsächlich die Gefahr zu diesem Zeitpunkt war, ist bis heute unklar, allerdings waren die Reaktionen von Medien und Politik einer Beruhigung der Lage nicht sonderlich zuträglich.[28]

In diesem Klima wurde vom amerikanischen Kongress ein erstes umfassendes Gesetzespaket verabschiedet. Hierbei handelt es sich um den *"Uniting and Strengthening America by Providing Appropriate Tools Required to Interecept and Obstruct Terrorism Act of 2001"*.[29] Dieses Gesetz wird sehr suggestiv als U.S.A.

[25]Vgl. ARZT: Präventionsstaat zwischen Rechtsgüterschutz und Abbau von Freiheitsrechten in den USA (Anm. 12), S. 242 f.

[26]Pressebüros und politische Amtsträger erhielten Briefe, welche mit Milzbrandsporen verseucht waren.

[27]Vergleiche zur damailgen Stimmung in den USA z.B. BLECH, JÖRG und BREDOW, RAFAELA VON: *CHEMIE- UND BIOWAFFEN: Die gefährlichste aller Bedrohungen.* In: *Spiegel online - Wissenschaft*, 27. September 2001 ⟨URL: `http://www.spiegel.de/wissenschaft/mensch/0,1518,159580,00.html`⟩ – Zugriff am 24.04.2008

[28]Vgl. KUNSCHAK: *Sicherheit oder Freiheit? Terrorismusbekämpfung und persönliche Freiheitsrechte in den USA nach dem 11. September* (Anm. 3), S. 53.

[29]THE LIBRARY OF CONGRESS: *H.R.3162: Uniting and Strengthening Ame-*

PATRIOT Act abgekürzt und begründet die gesetzliche Grundlage der gegenwärtigen Terrorismusbekämpfung im Inneren der USA.[30]. Das über 130 Seiten starke Artikelgesetz wurde bereits am 25. Oktober 2001, also nur sechs Wochen nach den Anschlägen und damit nach einem Bruchteil der Zeit, die der Gesetzgebungsprozess normalerweise benötigt, vom Kongress verabschiedet. Die Debatte dauerte lediglich drei Stunden und der Gesetzesentwurf wurde nicht vor den zuständigen Ausschüssen verhandelt.

Auch im Repräsentantenhaus hatte es ein verkürztes Verfahren gegeben, bei dem es keine öffentliche Anhörung von Gegnern der Gesetzesvorlage gegeben hatte. Allerdings berücksichtigte der Justizausschuss bezüglich der Einschränkung von persönlichen Freiheitsrechten geäußerte Bedenken und nahm Änderungen an der Vorlage vor. Diese abgeänderte Gesetzesvorlage wurde allerdings unter Druck der republikanischen Mehrheit im Repräsentantenhaus wieder verworfen und nicht zur Abstimmung gebracht. Es kam vielmehr zu einer weiteren Vorlage, welche letztlich durch das Plenum geschleust wurde, ohne den Abgeordneten die Möglichkeit zu geben, Änderungen oder Ergänzungen vorzunehmen. Es bleibt somit festzuhalten, dass sich bei der Entstehung des Patriot Act, der gesetzlichen Grundlage und damit Legitimierung für die verschärfte Sicherheitspolitik der Vereinigten Staaten erhebliche prozessuale Mängel auftraten.[31] Letztlich wurde die endgültige Gesetzesvorlage mit 98 zu einer Stimme im

---

*rica by Providing Appropriate Tools Required to Intercept and Obstruct Terrorism (USA PATRIOT ACT) Act of 2001 (Enrolled as Agreed to or Passed by Both House and Senate).* ⟨URL: `http://thomas.loc.gov/cgi-bin/query/z?c107:H.R.3162.ENR:`⟩ – Zugriff am 24.04.2001

[30] Vgl. STROSSEN, NADINE: *Conservatives and Liberals Unite to Conserve Liberty and Security.* In: GOLDBERG, DANNY, GOLDBERG, VICTOR und GREENWALD, ROBERT (Hrsg.): *It's a Free Country . Personal Freedom in America after September 11.* New York: RDV Books, 2002, S. 52–68, S. 61.

[31] Vgl. KUNSCHAK: *Sicherheit oder Freiheit? Terrorismusbekämpfung und persönliche Freiheitsrechte in den USA nach dem 11. September*

Senat und mit 256 zu 66 Stimmen im Repräsentantenhaus angenommen. Am 26. Oktober 2001 verlieh der amerikanische Präsident George W. Bush dem "Patriot Act" mit seiner Unterschrift Gesetzeskraft.[32] Einige der Regelungen zu Überwachungsmaßnahmen wurden zunächst bis zum 31. Dezember 2005 befristet. Der amerikanische Präsident forderte mehrmals die Entfristung, doch schaffte er es zunächst nicht, den Kongress zu einer vollständigen Zustimmung zu bewegen. Vielmehr kam es immer wieder zu Verlängerungen der Frist um einige Monate. Am 2. März 2006 wurde schließlich doch eine dauerhafte Verlängerung für 14 der 16 Punkte des Gesetzes und eine Vierjahresfrist für die übrigen zwei Punkte durch den US-Senat beschlossen.[33]

Der USA PATRIOT Act besteht aus zehn Abschnitten, die sehr unterschiedliche Bereiche betreffen, von denen einige mit der Bekämpfung von terroristischen Straftaten nur am Rande zu tun haben.[34] Auf jede Regelung des PATRIOT Act und der ihm nachfolgenden Gesetze sowie auf ihre Auswirkungen auf Demokratie und Rechtsstaat einzugehen, würde hier zu weit führen. Daher möchte ich versuchen, mich auf die wesentlichsten Aspekte zu beschränken, anhand derer sich bereits gut aufzeigen lässt, dass eine deutliche Verschiebung der Prioritäten von der Freiheit hin zur Sicherheit stattgefunden hat.

---

(Anm. 3), S. 53 ff.

[32] Vgl. a. a. O., S. 55

[33] Vgl. CBS News - March 2, 2006: *Senate Resoundingly Renews Patriot Act Supporters Say Better Balance Between Privacy, Terror Fighting.* ⟨URL: `http://www.cbsnews.com/stories/2006/02/28/politics/main1356811.shtml`⟩ – Zugriff am 01.05.2008

[34] Vgl. Arzt: Präventionsstaat zwischen Rechtsgüterschutz und Abbau von Freiheitsrechten in den USA (Anm. 12), S. 244 f.

**Kompetenzerweiterungen** Das Justizministerium (Department of Justice) erhält durch das Gesetz umfangreiche Kompetenzen, da die zuvor auf unterschiedliche Behörden verteilten Aufgaben der Terrorismusbekämpfung hier zusammengefasst werden. Auch die meisten Befugnisse zur Verfolgung von Straftaten gegen Amtsträger und Regierungseigentum wurden hier zentralisiert. Doch auch der amerikanische Geheimdienst, die *Central Intelligence Agency (CIA)* erhält durch den *PATRIOT Act* einen erweiterten Aufgabenbereich. So wurde die Sammlung und Zusammenfassung nachrichtendienstlicher Informationen aus dem Inland der CIA überantwortet. Hierdurch erhält die CIA Aufgaben im Landesinneren, die bis dahin ausgeschlossen waren, um beispielsweise die Überwachung von politischen Gegnern durch die CIA zu verhindern.[35] Auch der Begriff des Terrorismus wurde durch die Bestimmungen des PATRIOT Act erweitert. Durch dieses Gesetz werden Straftaten im Landesinneren als Terrorismus behandelt, wenn diese darauf abzielen, "die Zivilbevölkerung einzuschüchtern (*intimidate*), zu nötigen (*coerce*) oder die Politik einer Regierung durch Entführung, Mord oder massive Zerstörung von Sachen zu beeinflussen (*influence*) oder auf eine Regierung einzuwirken (*effect the conduct*)".[36]

**Eingriffe in die Meinungsfreiheit** Sehr problematisch an dieser unscharfen Definition ist, dass sie sich auch auf legitime Protestaktionen auswirken kann, deren Zweck es ja gerade ist, die Politik der Regierung sowie die öffentliche Meinung zu beeinflussen.[37] Somit könnten nun beispielsweise auch Demonstrationen,

---

[35] Vgl. Arzt: Präventionsstaat zwischen Rechtsgüterschutz und Abbau von Freiheitsrechten in den USA (Anm. 12), S. 245.

[36] Ebd.

[37] Vgl. Kunschak: *Sicherheit oder Freiheit? Terrorismusbekämpfung und persönliche Freiheitsrechte in den USA nach dem 11. September* (Anm. 3), S. 57.

insbesondere wenn es zur Beschädigung von Bundeseigentum kommt, z.B. bei Aktionen radikaler Umwelt- oder Tierschützer, oder Streiks als terroristische Aktivitäten behandelt werden. Der PATRIOT Act schränkt somit die Meinungsfreiheit ein, denn er verwischt die Grenzen zwischen legitimen Protestaktionen und dem kapitalen Verbrechen des Terrorismus, wodurch die Gefahr einer Inkriminierung von politischem Dissens gegeben ist.[38] Eine weitere Bestimmung des PATRIOT Act gibt den Behörden die Befugnis, Personen die Einreise in die Vereinigten Staaten zu verwehren, wenn die Behörden der Auffassung sind, dass diese eine terroristische Vereinigung unterstützen oder Mitglied einer solchen sind. Bereits im Dezember 2001 wurden 39 Organisationen zu terroristischen Vereinigungen erklärt, zudem wird eine umfangreiche Liste mit verdächtigten Personen ständig aktualisiert.[39] Durch dieses Gesetz wird es dem Außenministerium ermöglicht, kritische Stimmen nicht ins Land zu lassen. Dies wird als Verstoß gegen die Meinungsfreiheit gewertet, da dem Einzelnen eine Meinungsbildung aus erster Hand erschwert wird. Zudem wird diese Maßnahme als Schikane, insbesondere gegen muslimische Einwohner der USA, kritisiert. [40]

**Eingriffe in die Privatsphäre** Auch das Recht auf eine unversehrte Privatsphäre ist von den Regelungen des PATRIOT Act betroffen, da dieser Durchsuchungs- und Überwachungsbefugnisse der Sicherheitsdienste stark erweitert. So ermöglicht er beispielsweise die Durchführung geheimer Wohnungsdurchsuchun-

[38] Vgl. a. a. O.

[39] Vgl. ARZT: Präventionsstaat zwischen Rechtsgüterschutz und Abbau von Freiheitsrechten in den USA (Anm. 12), S. 247.

[40] Vgl. KUNSCHAK: *Sicherheit oder Freiheit? Terrorismusbekämpfung und persönliche Freiheitsrechte in den USA nach dem 11. September* (Anm. 3), S. 57 f.

gen, so genannter “sneak and peek warrants”.[41] Während bislang eine Durchsuchung oder Beschlagnahmung dem Eigentümer vor der Durchführung mitgeteilt werden musste, ermöglicht es der PATRIOT Act, dies dem Betroffenen erst nach der Durchsuchung mitzuteilen, wenn die Gefahr besteht, dass ansonsten Beweismittel zerstört werden, Leib und Leben einer Person gefährdet oder auch wenn die Untersuchung gefährdet oder auch nur ungebührlich verzögert werden könnte. Insbesondere die letztgenannte Ausnahme erscheint als außerordentlich niedrige und unbestimmte Schwelle.[42]

Das Gesetz legt lediglich fest, dass die Benachrichtigung in “angemessener Zeit nach der Vollziehung” zu erfolgen habe. Zudem kann die vom Richter festgelegte Zeitspanne weiter verschoben werden, wenn ansonsten die Ermittlungen gefährdet würden.[43] Das Justizministerium erklärte eine Verschiebung in der Größenordnung von 90 Tagen als vertretbar.[44]

**Überwachung und Datenschutz** Weiterhin ermöglicht der PATRIOT Act eine umfassende Überwachung als verdächtig eingestufter Personen. So erhält das FBI durch dieses Gesetz die Möglichkeit, die Herausgabe persönlicher Daten von Banken, Krankenhäusern, Bibliotheken, Universitäten, Telefongesellschaften, Hotels etc. zu erwirken. Vor dem PATRIOT Act musste das FBI für einen solchen Eingriff in die persönlichen Daten eines Menschen nachweisen, dass die betroffene Person Agent einer fremden Macht ist, durch den PATRIOT Act muss lediglich der

---

[41] Vgl. Arzt: Präventionsstaat zwischen Rechtsgüterschutz und Abbau von Freiheitsrechten in den USA (Anm. 12), S. 252.

[42] Vgl. a. a. O., S. 252 f.

[43] Vgl. a. a. O.

[44] Vgl. Kunschak: *Sicherheit oder Freiheit? Terrorismusbekämpfung und persönliche Freiheitsrechte in den USA nach dem 11. September* (Anm. 3), S. 59.

Verdacht der Verbindung zu einer fremden Macht (foreign intelligence) vorliegen. Diese gravierende Änderung wird ermöglicht durch einen kurzen Abschnitt, welcher ein Gesetz zur Spionageabwehr, den *Foreign Intelligence Surveillance Act (FISA)* von 1978 im oben beschriebenen Sinne abändert.[45] Um eine Maßnahme der Strafverfolgung auf die ursprünglich zur Spionageabwehr gedachten Maßnahmen auszuweiten, reicht es nun aus, wenn diese zugleich bedeutsam für nachrichtendienstliche Zwecke ist.[46]

Auch gestattet der PATRIOT Act Beamten der Bundesexekutive, eine Überwachung der Telekommunikation (worunter sowohl die Kommunikation per Telefon oder Handy, als auch über das Internet verstanden wird) einer Person zu beantragen. Das Gericht wird durch das neue Gesetz verpflichtet, dem Antrag nachzukommen, wenn dessen Relevanz für ein Strafverfahren von einem Exekutivbeamten bestätigt wird. Es obliegt also nicht mehr dem Richter, die tatsächliche Relevanz zu prüfen. Als einzige Schranke ist eine Protokollierung der Überwachungsmaßnahme vorgesehen, das Protokoll ist dem Gericht spätestens 30 Tage nach der Überwachung zugänglich zu machen.[47]

Die vorgestellten äußerst weitreichenden Kompetenzen, welche die Legislative mit dem PATRIOT Act erteilte, wurden durch präsidentielle Dekrete und Verwaltungsvorschriften von der Exekutive weiter ausgedehnt.[48] So erließ Präsident Bush die *Executiv Order 57833,* durch welche Ausländer auf Geheiß des Präsidenten verhaftet und per Militärtribunal verurteilt werden können. Der Präsident bestimmt alleine die Personen für dieses Verfah-

---

[45] Vgl. a. a. O., S. 61 ff.

[46] Vgl. ARZT: Präventionsstaat zwischen Rechtsgüterschutz und Abbau von Freiheitsrechten in den USA (Anm. 12), S. 261.

[47] Vgl. KUNSCHAK: *Sicherheit oder Freiheit? Terrorismusbekämpfung und persönliche Freiheitsrechte in den USA nach dem 11. September* (Anm. 3), S. 60.

[48] Vgl. a. a. O., S. 81.

ren, wobei bereits die Annahme, dass dies notwendig und im Interesse der Vereinigten Staaten sei, ausreicht. Dieses Vorgehen ist sehr problematisch, da durch eine solche "exekutive Rechtsschöpfung" die Kontrollmechanismen der Gewaltenteilung umgangen werden. Verwaltungsvorschriften sind durchaus legitim und dienen dazu, das Parlament zu entlasten und formulierte Gesetze in die Verwaltungsrealität umzusetzen. Im Fall des PATRIOT Act dienten sie allerdings dazu, die im Gesetz vorgesehenen Kompetenzen über die Beschränkungen hinaus auszudehnen. Wenn die Exekutive sich selbst das Recht erteilen kann, Personen auf eigene Anordnung auszuspionieren und sogar festzusetzen, fungiert sie als Normgeber, Ankläger und Richter in einem![49]

Es wird deutlich, dass die persönlichen Freiheitsrechte durch den *PATRIOT Act* stark eingeschränkt werden. Bereits durch die sehr weit gefasste Definition des Straftatbestandes Terrorismus werden die Rechte auf Meinungs- und Versammlungsfreiheit berührt, welche als First Amendment-Rechte in der Verfassung verankert sind. Zudem werden den Exekutivorganen sehr weit gehende Überwachungsbefugnisse zugestanden, deren Schranken äußert vage formuliert wurden. Personen, die nicht Staatsbürger der USA sind, werden durch das Gesetz zudem nicht mehr vor staatlicher Willkür geschützt, da ihnen wesentliche *due process*-Rechte entzogen werden.

[49]Vgl. KUNSCHAK: *Sicherheit oder Freiheit? Terrorismusbekämpfung und persönliche Freiheitsrechte in den USA nach dem 11. September* (Anm. 3), S. 81.

### 6.1.2 Homeland Security

Bei dem *Homeland Security Act* vom 25. November 2002 handelt es sich um ein weiteres Gesetzespaket, was den Aufbau einer starken Zivilverteidigung in den Vereinigten Staaten von Amerika zum Ziel hat. Vor den Anschlägen vom 11. September existierte in den USA keine offizielle Stelle, die sich primär mit dem Thema Zivilverteidigung beschäftigte. Es existierte auch kein Problembewusstsein in diese Richtung, da ein groß angelegter Angriff auf die Supermacht USA undenkbar erschien. Belange des Heimatschutzes waren auf über mehr als 100 verschiedene militärische oder polizeiliche Behörden verteilt. Nach den Anschlägen des 11. September sah man das Gelingen des Anschlages weniger als einen Mangel an Informationen des Geheimdienstes als vielmehr die Tatsache, dass keine Einzelbehörde und kein Entscheidungsträger ausreichend Informationen und Macht hatte, aus den verfügbaren Informationen ein Muster herauszulesen und entsprechend zu handeln.[50]

Um in Zukunft effektiver auf Angriffe und Notfälle reagieren zu können, wurde 2002 der *Homeland Security Act* verabschiedet, durch welchen neue organisatorische Strukturen für die Terrorismusbekämpfung geschaffen wurden. Insbesondere ist hier die Einrichtung des *Department of Homeland Security (DHS)* zu nennen. Hierbei handelt es sich um ein neues Ministerium, welches 22 Behörden vereinigt und auf ein Budget von 40,2 Milliarden US-Dollar (2007) sowie rund 200.000 Angestellte zurückgreifen kann.[51] Diese "Mega-Behörde" stellt die größte Reorganisierung der amerikanischen Bundesregierung seit 1947 dar und erhielt eine Fülle von Kompetenzen und Überwachungsmöglichkeiten.[52] Dem DHS gehören unter anderem die Küstenwache,

---

[50] Vgl. Shapiro: Internat. Politikanalyse 2007 (Anm. 1), S. 7.

[51] Vgl. Arzt: Präventionsstaat zwischen Rechtsgüterschutz und Abbau von Freiheitsrechten in den USA (Anm. 12), S. 242.

[52] Vgl. Shapiro: Internat. Politikanalyse 2007 (Anm. 1), S. 7.

der Zoll, die Einwanderungsbehörde, der Secret-Service und die neue Behörde für Verkehrssicherheit an. Außerdem wurde nach dem Vorbild des Nationalen Sicherheitsrats im Weißen Haus ein Homeland Security Council zur Koordinierung der inneren Sicherheitspolitik der Regierung gegründet.[53]

Auch erlaubt der *Homeland Security Act* den Aufbau einer in ihrer Dimension bisher so nicht gekannten zentralen Datenerfassung. Besonders das "*Information Awareness Office (IAO)*", eine Suborganisation des DHS, geriet in das öffentliche Bewusstsein und die Medien, da sein Ziel die mit Hilfe eines neu zu entwickelnden Computersystems vorzunehmende Überwachung des Internets darstellt. Jede elektronische Spur, die ein Mensch hinterlässt, soll gespeichert werden. Aus Flugbuchungen, Geldtransfers, Online-Einkäufen, E-Mails, Arzneibestellungen und Führerscheinanträgen soll ein computergestütztes individuelles Dossier erstellt werden. Die Agenten hoffen dabei, aus der Fülle privater, geschäftlicher und behördlicher Daten jene verdächtigen Signale herauszufiltern, die auf mögliche Terroraktivitäten hindeuten.[54] Im Januar 2003 brachte Senator Russell Feingold aus Wisconsin dann einen Gesetzesantrag im Kongress ein, der zu einer Prüfung der Verfassungsmäßigkeit des IAO führte. Die Aktivitäten des IAO wurden daraufhin eingestellt, da das Programm als nicht verfassungsgemäß angesehen wurde.[55] Das Programm *ADVISE (Analysis, Dissemination, Visualization, Insight, and Semantic Enhancement)* des Department of Homeland Security verfolgt allerdings bis heute ähnliche Ziele.

---

[53] Vgl. Shapiro: Internat. Politikanalyse 2007 (Anm. 1), S. 7.

[54] Vgl. Streck, Michael: *Eilschritt zum Überwachungsstaat.* In: *Taz, die Tageszeitung*, 15.11 2002 ⟨URL: `http://www.taz.de/index.php?id=archivseite&dig=2002/11/15/a0132`⟩ – Zugriff am 09.06.2008

[55] Vgl. Wilker, Frank: *Die neue Wachsamkeit - Der amerikanische Konflikt zwischen Freiheitsrechten und innerer Sicherheit.* In: *Fundiert - Das Wissenschaftsmagazin der freien Universität Berlin*, 1 2005 ⟨URL: `http://www.fu-berlin.de/presse/publikationen/fundiert/2005_01/05-01_wilker/index.html`⟩ – Zugriff am 19.06.2008

### 6.1.3 Folgen und Widerstand

Die Umsetzung der Sicherheitsgesetze führte zu der größten Verhaftungswelle in den USA seit dem Zweiten Weltkrieg. In den Monaten direkt nach den Anschlägen kam es zu Festnahmen und Inhaftierungen von 1200 zumeist muslimischen Ausländern als Terrorverdächtigen. Im Durchschnitt benötigten die Behörden 80 Tage, um einen Fall zu prüfen, einige der Verdächtigen blieben allerdings bis zu acht Monate in Haft. Nach Schätzungen stieg die Zahl der Verhafteten bis Ende 2002 auf über 2000 an, offizielle Zahlen hierzu sind nicht bekannt.[56] Mitte 2003 sollten rund 13.000 Männer aufgrund von aufenthaltsrechtlichen Vorschriften abgeschoben werden, da sie aus Ländern stammten, denen die Exekutive eine Verbindung zum internationalen Terrorismus nachsagte. Immigranten aus Lateinamerika oder Mexiko, welche die weitaus größere Zahl der illegalen Einwanderer in den USA stellen, wurden von dieser Maßnahme nicht erfasst, was sich nur mit einer Verdächtigung aufgrund der Nationalität des Betroffenen erklären lässt.[57] Für eine Verhaftung reichte zudem in vielen Fällen aus, dass ein Verdacht von Bekannten, Nachbarn oder auch anonymen Personen geäußert wurde, welcher jeglicher Grundlage entbehrte.[58] Auch außerhalb der USA wurden zahlreiche Verhaftungen durchgeführt und unter anderem das viel diskutierte Gefangenenlager auf dem US-Stützpunkt "Guantánamo Bay" auf Kuba eingerichtet. Hier sollen derzeit[59] ca. 375 Personen festgehalten werden. Größtenteils soll es sich hierbei um Mitglieder des Taliban-Regimes und der Terrorgrup-

[56] Vgl. Arzt: Präventionsstaat zwischen Rechtsgüterschutz und Abbau von Freiheitsrechten in den USA (Anm. 12), S. 264.

[57] Vgl. a. a. O., S. 265.

[58] Vgl. Kunschak: *Sicherheit oder Freiheit? Terrorismusbekämpfung und persönliche Freiheitsrechte in den USA nach dem 11. September* (Anm. 3), S. 82.

[59] Stand 2007

pe Al-Quaida handeln, die entweder im Zuge der Kämpfe in Afghanistan oder in anderen Ländern in Haft geraten sind.[60] Menschenrechtsorganisationen kritisieren hier oft unmenschliche Haftbedingungen und Verstöße gegen internationale Vereinbarungen zum Schutz der Menschenrechte. Rechtsverletzungen sowie physische und psychische Misshandlungen der Gefangenen des "Kriegs gegen den Terrorismus" kommen mittlerweile auch nach offizieller Bekundung verbreitet vor.[61] Die USA sehen die Gefangenen in einem rechtlichen Sonderzustand, als "unlawful enemy combatants"[62], als Kriegsgefangene unter dem Verdacht, Kriegsverbrechen begangen zu haben. Hier zeigt sich wiederum, dass sich die USA in einem Kriegszustand befinden, was ihrer Ansicht nach gewisse Maßnahmen legitimiert. Die Behandlung der Gefangenen verstößt nach internationalem, jedoch nicht nach amerikanischem Recht gegen das Verbot der unmenschlichen Behandlung, was zu einer weiten Diskussion über international anerkannte Menschenrechte und die Wirksamkeit des Völkerrechts führte.[63]

Die Inhaftierung zweier amerikanischer Staatsbürger ohne Anklageerhebung und Verweigerung des Rechtsbeistands führten zum Einschreiten des Supreme Court und langen rechtlichen Auseinandersetzungen. Der Supreme Court entschied am 28. März 2006 in dem bekannten Urteil *HAMDAN vs. RUMSFELD, SECRETARY OF DEFENSE, et al.*, dass der Kongress durch die Antiterrorgesetze dem Präsidenten keine Befugnis gegeben ha-

[60] Vgl. Hucke, Matthias Josef: *Der Schutz der Menschenrechte im Lichte von Guantánamo - Die Behandlung der Gefangenen und die Begründung von Menschenrechten.* Saarbrücken: Vdm Verlag Dr. Müller, 2008, S. 34 f.

[61] Vgl. Arzt: Präventionsstaat zwischen Rechtsgüterschutz und Abbau von Freiheitsrechten in den USA (Anm. 12), S. 264.

[62] Vgl. Gill und van Sliedregt: Guantánamo Bay: a reflection on the legal status and rights of 'unlawful enemy combatants' (Anm. 23), S. 1.

[63] Vergleiche zu dieser Diskussion z.B. Hucke: *Der Schutz der Menschenrechte im Lichte von Guantánamo - Die Behandlung der Gefangenen und die Begründung von Menschenrechten* (Anm. 60)

be, Militärkommissionen anstelle regulärer Gerichte aufzustellen, und schon gar nicht eine Blankoermächtigung. Dies bedeutet, dass ein Gefangener in Guantánamo Bay nicht vor einer Militärkommission angeklagt und verurteilt werden kann, da dies einen Verstoß gegen die Verfassung und das Kriegsrecht, namentlich das anzuwendende Gesetz über die einheitliche Militärgerichtsbarkeit (UCMJ) oder die anzuwendende Genfer Konventionen, darstellen würde.[64] Widerstand aus Richtung der Legislative, des Kongresses, lässt sich kaum ausmachen. Der Schock der Anschläge und der Druck der Exekutive mit der Betonung der Notwendigkeit schnellen Handelns ließ die Abgeordneten großteils auf die politische Linie der Bush-Administration eingehen. Der Druck von Seiten der Exekutive ging sogar so weit, dass der Justizminister Ashcroft Abgeordneten, die ihre Sorge um Verletzungen von Grundrechten äußerten, vorwarf, sie würden damit die Attentäter unterstützen.[65] Der Kongress konnte seine Rolle als Gegengewicht zur Exekutive auch aufgrund des Führungsanspruchs der Regierung in Krisenzeiten, insbesondere der Rolle des Präsidenten als oberstem Befehlshaber im "Krieg", nicht ohne weiteres wahrnehmen.[66] Erst ab 2003 verschiebt sich das Verhältnis langsam wieder zugunsten des Kongresses, wie sich anhand der Verhinderung einer vollständigen Streichung zeitlicher Begrenzungen im *PATRIOT Act* und der bereits angesprochenen Auflösung des *Information Awareness Office* aufzeigen lässt.

[64]Vgl. Supreme Court of the United States: *Hamdan vs. Rumsfeld, Secretary of Defese, et al.* ⟨URL: `http://www.supremecourtus.gov/opinions/05pdf/05-184.pdf`⟩ – Zugriff am 09.06.2008

[65]Vgl. Kunschak: *Sicherheit oder Freiheit? Terrorismusbekämpfung und persönliche Freiheitsrechte in den USA nach dem 11. September* (Anm. 3), S. 99.

[66]Vgl. a. a. O., S. 102 f.

### 6.1.4 Zwischenergebnis USA

Eine Betrachtung der amerikanischen Sicherheitspolitik der letzten Jahre zeigt, dass in den Vereinigten Staaten ein massiver Ausbau von Überwachungsmaßnahmen und Beschränkungen durch die Exekutive erfolgte. Die Regierung erlangte äußerst weitreichende neue Kompetenzen und beseitigte die im amerikanischen Recht und in der Praxis seit langem geltende Trennung zwischen dem Inlands- und Auslandsgeheimdienst sowie zwischen Geheimdienst und Strafverfolgung.[67] Neben einer Erweiterung der Kompetenzen fand auch ein deutliches Umdenken bezüglich der Hauptaufgabe der Sicherheitsbehörden statt. Diese wechselte von der Aufklärung von Straftaten hin zu der Prävention von Anschlägen. Die erlassenen gesetzlichen Maßnahmen erfassen nicht nur den als Terroristen definierten Personenkreis und konventionelle Straftäter, sondern ermöglichen es sogar, politischen Dissens unter den Verdacht des Terrorismus zu stellen.[68] Anhand der Sicherheitspolitik der USA lässt sich eine Störung des angesprochenen Gleichgewichts zwischen Freiheit und Sicherheit durch die Bedrohung des Terrorismus erkennen. Nachdem die USA das Opfer von Anschlägen mit bis dahin nicht gekanntem Potential wurden, etablierte sich die nationale Sicherheit über alle anderen Werte, sogar über die im Selbstverständnis der Nation bis dahin an erster Stelle stehende Freiheit.

Der amerikanische Staat hat unter Führung der Exekutive sowohl auf der normativen Ebene mit legislativen wie administrativen Maßnahmen als auch bei deren Umsetzung persönliche Freiheitsrechte massiv eingeschränkt. Eingriffs- und Überwachungsmöglichkeiten des Staates wurden erheblich erweitert und bestehende rechtsstaatliche Schutzschranken gegen staatliche Eingriffe verringert. Auch konnte sich die Exekutive dazu ermächtigen,

[67] Vgl. Shapiro: Internat. Politikanalyse 2007 (Anm. 1), S. 7.

[68] Vgl. Arzt: Präventionsstaat zwischen Rechtsgüterschutz und Abbau von Freiheitsrechten in den USA (Anm. 12), S. 269.

Ausländer wie Bürger der judikativen Aufsicht zu entziehen und sie somit de facto für rechtslos zu erklären, wobei insbesondere die ohnehin besonders verletzliche Gruppe der Ausländer von diesen Maßnahmen getroffen wurde.[69]

Die gewaltenteiligen Schutzmechanismen sowie sonstiger Widerstand wurden erst mit dem Abklingen des durch die Anschläge verbundenen Schocks wieder aktiv. Die Präsidentschaftswahl 2008 lässt hoffen, dass in der amerikanischen Bevölkerung ein Umdenken zurück zu den Werten der Demokratie und des Rechtsstaats erfolgt. Als eine seiner ersten Amtshandlung verfügte der frisch zum Präsidenten ernannte Demokrat Barack Obama am 22. Januar 2009, wie bereits während des Wahlkampfes angekündigt, die Schließung des Gefangenenlagers Guantánamo Bay auf Kuba und versprach zudem die "civil rights" wieder zu stärken.[70] Ob es der neuen Regierung gelingt, einen ausgeglicheneren Kompromiss zwischen der Sicherheit und der Freiheit ihrer Bürger zu finden, bleibt abzuwarten. Allerdings scheint das "blinde Vertrauen" mit zunehmendem Abstand zu den Anschlägen und einem Abnehmen der Hysterie wieder einer differenzierteren Betrachtungsweise zu weichen. Ein weiteres Abrutschen der USA in Richtung eines "Unrechtsstaates" ist somit vorerst nicht zu erwarten.

---

[69] Vgl. KUNSCHAK: *Sicherheit oder Freiheit? Terrorismusbekämpfung und persönliche Freiheitsrechte in den USA nach dem 11. September* (Anm. 3), S. 168.

[70] Vgl. THE WHITE HOUSE: *EXECUTIVE ORDER - Review and Disposition of individuals detained at the Guantánamo bay naval base and closure of detention facilities.* ⟨URL: `http://www.whitehouse.gov/the_press_office/ClosureOfGuantanamoDetentionFacilities/`⟩ – Zugriff am 25.01.2009

## 6.2 Sicherheitspolitik in der Europäischen Union

Die Europäische Union unterscheidet sich in ihren Strukturen wesentlich von nationalstaatlich verfassten Systemen, was einen politikwissenschaftlichen Vergleich deutlich erschwert. Was für eine Art von Staat, System oder Akteur die EU überhaupt darstellt, wird in den Rechts- und Sozialwissenschaften kontrovers diskutiert und bewegt sich zwischen den Polen Staatenbund und Bundesstaat.[71] Dieser Sonderfall macht es nötig, dass neben der policy-Dimension der Sicherheitspolitik auch die institutionelle Ebene der EU mitberücksichtigt werden muss. Auch sollten hier die Verhältnisse zwischen den nationalen politischen Systemen und dem EU-System im Bereich der Sicherheitspolitik beachtet werden.[72]

Bei der Betrachtung der europäischen Sicherheitspolitik sind zudem das geringe Alter der europäischen Zusammenarbeit und die unter Umständen divergierenden Positionen der Mitgliedsstaaten von Bedeutung. Die Schaffung einer gemeinsamen Sicherheitspolitik der Mitgliedsstaaten stellt für die EU eine langwierige und komplizierte Aufgabe dar. Deshalb spielen die Regierungen der Mitgliedsstaaten eine wesentliche Rolle bei der Umsetzung der Sicherheitspolitik. Aus diesem Grund möchte ich hier mit einen knappen Überblick über die Entstehung der sicherheitspolitischen Strukturen in der EU beginnen und nicht, wie im vorherigen Kapitel über die Vorgänge in den USA, mit den Geschehnissen nach 11.09.2001.

---

[71] Vgl. Schmidt, Sigmar: *Die Europäische Union in der Vergleichenden Politikwissenschaft.* In: Lauth, Hans-Joachim (Hrsg.): *Vergleichende Regierungslehre Eine Einführung.* Wiesbaden: VS Verlag für Sozialwissenschaften, ²2006, S. 133–153, S. 133.

[72] Vgl. a. a. O., S. 150 f.

Die Zusammenarbeit der europäischen Staaten auf dem Gebiet der inneren Sicherheit, also im Bereich der Innen- und Justizpolitik, wurde seit den 1970er Jahren intensiviert. Bereits zu diesem Zeitpunkt bildete der Terrorismus einen entscheidenden Faktor, da sich die europäischen Staaten immer häufiger mit einer innerhalb der Grenzen des Nationalstaates nicht mehr fassbaren Form des Terrorismus konfrontiert sahen. Die Zusammenarbeit auf dem Politikfeld der inneren Sicherheit musste angesichts einer internationalisierten Gefahr auch internationalisiert werden. Bereits 1975 wurde vom Europäischen Rat die Einrichtung eines Gremiums für Fragen der inneren Sicherheit und der öffentlichen Ordnung beschlossen, diese Entscheidung führte zur Gründung der so genannten TREVI-Gruppe. Allerdings handelte es sich hierbei lediglich um eine informelle Zusammenarbeit in Expertengruppen zum Thema Terrorismusbekämpfung. Die Umsetzung der Ergebnisse dieser Zusammenarbeit blieb den Mitgliedsstaaten überlassen und es existierte keine rechtliche Verbindlichkeit.

Dieser Integrationsprozess wurde durch die Verträge von Maastricht, Amsterdam und Nizza weiter vorangetrieben. Mit dem Maastrichter Vertrag (1993) wird eine gemeinsame Außen- und Sicherheitspolitik (GASP) der Mitgliedsstaaten beschlossen, deren Ziele die Bewahrung der "gemeinsamen Werte, der grundlegenden Interessen, der Unabhängigkeit und der Unversehrtheit der Union" sind.[73] Diese gemeinsame Außen- und Sicherheitspolitik der Mitgliedsstaaten gilt als die "zweite Säule" der Europäischen Union und macht damit einen wesentlichen Teil der europäischen Zusammenarbeit aus. Mit dem Vertrag von Amsterdam (1999) wird erstmals von einem Raum der "Freiheit, der Sicherheit und des Rechts" gesprochen, was einem neuen Leitbild der

[73] Europäische Union: Konsolidierte Fassung des Vertrags über die Europäische Union (Anm. 38), S. Artikel 11

Zusammenarbeit in diesem Bereich entspricht, welches deutlich über die bisherige Zusammenarbeit hinausgeht.[74] Am 26.7.1995 kam es zum Europol-Übereinkommen, der Gründung eines Europäischen Polizeiamtes. Dieses wurde am 3.12.1998 dazu ermächtigt, sich auch mit solchen Straftaten zu befassen, "die im Rahmen von terroristischen Handlungen gegen Leben, körperliche Unversehrtheit und persönliche Freiheit sowie gegen Sachen" gerichtet sind.[75] Doch die Aufgaben von Europol sind in mehrerlei Hinsicht eingeschränkt, so kann Europol prinzipiell nur bei Formen internationaler Kriminalität, von denen mehrere Mitgliedsstaaten betroffen sind, eingreifen.[76] Ein Jahr später, auf dem im Oktober 1999 stattfindenden Gipfel von Tampere traf die EU offiziell die Entscheidung, "die juristische Zusammenarbeit zwischen den Mitgliedsstaaten zu verstärken, um Kriminalität, einschließlich Terrorismus, besser bekämpfen zu können".[77] Grundlage für diese Entscheidungen waren auch hier Erfahrungen von Mitgliedsstaaten mit einheimischen terroristischen Gruppierungen wie ETA oder der IRA sowie mit dem organisierten Verbrechen.[78] In diesem Jahr nahm zudem auch die Perspektive einer militärischen Komponente konkrete Gestalt an, der Europäische Rat beschloss die Entwicklung einer gemeinsamen Europäischen

[74] Vgl. Middel: *Innere Sichereheit und präventive Terrorismusbekämpfung* (Anm. 54), S. 88 f.

[75] Vgl. a. a. O., S. 92.

[76] Vgl. Wagner, Wolfgang: *Europäisierung der Polizeiarbeit ohe Einschränkung von Grundrechtsschutz und parlamentarischer Kontrolle? Europol nach dem Scheitern des Europäischen Verfassungsvertrags.* In: Müller, Erwin und Schneider, Patricia (Hrsg.): *Die Europäische Union im Kampf gegen den Terrorismus: Sicherheit vs. Freiheit?* Band Frieden durch Recht VII, Baden-Baden: Nomos Verlag, 2006, S. 163–179, S. 265.

[77] EurActiv / Christophe Leclercq (Hrsg.): *Dossier: Der Kampf gegen den Terrorismus.* ⟨URL: http://www.euractiv.com/de/sicherheit/kampf-gegen-terrorismus/article-103650⟩ – Zugriff am 05.05.2008

[78] A. a. O.

Sicherheits- und Verteidigungspolitik (ESVP), welche die Schaffung einer multilateralen Eingreiftruppe beinhaltete.[79] Mit dem Inkrafttreten des Vertrages von Amsterdam können von nun an Maßnahmen zur Umsetzung so genannter Gemeinsamer Strategien vom Rat mit qualifizierter Mehrheit getroffen werden.

Doch trotz des Gefährdungspotentials des "neuen" internationalen Terrorismus und der offensichtlichen Schwäche national begrenzter Strategien bei seiner Bekämpfung tun sich die europäischen Staaten bis heute schwer daran, die Gewährung innerer Sicherheit an ein supranationales Gremium abzugeben.[80] Die nationalstaatlichen Bedenken bezüglich der Abgabe von Kompetenzen in diesem Bereich zeigen sich besonders deutlich daran, dass selbst nach der letzten Erweiterung durch den Vertrag von Nizza (2001) immer noch Vorbehaltsklauseln bezüglich der inneren Sicherheit im Vertrag über die Europäische Union existieren. So besagt Artikel 33, dass der Titel VI "Bestimmungen über die polizeiliche und justizielle Zusammenarbeit in Strafsachen" nicht die "[...] Wahrnehmung der Zuständigkeiten der Mitgliedsstaaten für die Aufrechterhaltung der öffentlichen Ordnung und den Schutz der inneren Sicherheit"[81] berührt.

### 6.2.1 Reaktionen der EU-Sicherheitspolitik

Einen Tag nach den Anschlägen von New York und Washington fanden außerordentliche Sitzungen der Europäischen Kommission, des Europäischen Parlaments und des Rates der Außenminister statt und man erklärte die Solidarität mit den USA. In einer gemeinsamen Erklärung sagten am 14. September 2001

[79] Vgl. KNELANGEN: Die Ambitionen Europas und die Erfahrung des Scheiterns - Die Europäische Union und der 'Krieg gegen den Terrorismus' (Anm. 18), S. 177.

[80] Vgl. MIDDEL: *Innere Sichereheit und präventive Terrorismusbekämpfung* (Anm. 54), S. 85.

[81] EUROPÄISCHE UNION: Konsolidierte Fassung des Vertrags über die Europäische Union (Anm. 38), S. Artikel 33.

die Staats- und Regierungschefs der Mitgliedsstaaten sowie die Spitzen der Europäischen Kommission und des Rates der amerikanischen Regierung ihre "volle Solidarität" und die "uneingeschränkte Zusammenarbeit" bei der Verfolgung der Verantwortlichen dieser Anschläge zu.[82]

Die EU zeigt hierdurch ihre Unterstützung der kurz zuvor vom Sicherheitsrat der Vereinten Nationen beschlossenen Resolution 1368, welche internationale terroristischen Handlungen als Bedrohung des Weltfriedens und der internationalen Sicherheit ansieht und die Staaten dazu aufruft, zur Bekämpfung des Terrorismus zusammenzuarbeiten.[83] Zudem zeigen sich hier zwei weitere Anliegen der EU, zum einen soll ein "unilateraler Vergeltungsschlag der USA wegen der Unkalkulierbarkeit möglicher Konsequenzen vermieden werden"[84], zum anderen soll versucht werden, mit den eigenen diplomatischen Ressourcen eine möglichst große Koalition gegen den Terrorismus zu schaffen. Neben der Betonung der Relevanz des Mandates des UN Sicherheitsrates und der Notwendigkeit einer breiten Anti-Terror-Koalition zeigen diese ersten Reaktionen der EU einen deutlichen Konsens mit der Strategie der Vereinigten Staaten.[85]

Bezüglich der eigenen Sicherheitspolitik der EU wurde nach den Anschlägen vom 11. September 2001 deutlich, dass die EU zwar auf eine "Reihe von generellen rechtlichen Handlungsmög-

---

[82] Vgl. Knelangen: Die Ambitionen Europas und die Erfahrung des Scheiterns - Die Europäische Union und der 'Krieg gegen den Terrorismus' (Anm. 18), S. 176.

[83] Vgl. AG Friedensforschung der Uni Kassel, , Peter Strutynski: *Die Terrorismus-Resolutionen des UN-Sicherheitsrats nach dem 11. September 2001.* ⟨URL: `http://www.uni-kassel.de/fb5/frieden/themen/Terrorismus/un-res-1368-1373-1377.html`⟩ – Zugriff am 11.05.2008 Resolution 1368 (2001).

[84] Knelangen: Die Ambitionen Europas und die Erfahrung des Scheiterns - Die Europäische Union und der 'Krieg gegen den Terrorismus' (Anm. 18), S. 178.

[85] Vgl. a. a. O.

lichkeiten und Strukturen"[86] zurückgreifen konnte, ein hinreichender und spezifisch auf die neue Bedrohung ausgerichteter rechtlicher Besitzstand dagegen fehlte.[87] Zudem zeigte die Tatsache, dass einige der ermittelten Täter des "9/11" zuvor in europäischen Mitgliedsstaaten gelebt und womöglich die Anschläge vorbereitet hatten, die Notwendigkeit auch die eigene innere Sicherheit zu verbessern. Diese für die europäische Sicherheitspolitik sehr schmerzliche Schlappe wirkte als ein starker Motor und stärkte neben der Überarbeitung eigener Sicherheitsmaßnahmen auch die Verbundenheit mit den USA.[88] Bereits zehn Tage nach den Anschlägen wurden von der Europäischen Kommission konkrete Maßnahmen vorgelegt.[89] Die ersten Neuregelungen nach dem 11.09.2001 wurden im Rahmen des "Aktionsplans zur Stärkung der polizeilichen und justiziellen Zusammenarbeit in der Terrorismusbekämpfung" durchgeführt. Dieses Dokument sah mehr als 200 Neuregelungen in über 72 Politikbereichen vor und wurde mehrmals fortentwickelt und erweitert. Die kurze Bearbeitungszeit von nur zehn Tagen zeigt auch hier das bereits anhand des PATRIOT Act für die USA aufgezeigte Vorgehen: Konzepte und Regelungen, die bereits in den neunziger Jahren entwickelt, aber nicht durchgesetzt worden waren, wurden nun mit atemberaubender Geschwindigkeit beschlossen.[90]

---

[86] MONAR, JÖRG: *Die EU und die Herausforderung des internationalen Terrorismus Handlungsgrundlagen, Fortschritte und Defizite.* In: WEIDENFELD, WERNER (Hrsg.): *Herausforderung Terrorismus - Die Zukunft der Sicherheit.* Wiesbaden: VS Verlag für Sozialwissenschaften, 2004, S. 137–172, S. 150.

[87] Vgl. a. a. O.

[88] Vgl. OCCHIPINTI, JOHN D.: *The Politics of EU Police Cooperation: Towards an European FBI?* London / Colorado: Lynne Rienner Publishers, Inc., 2003, S. 148.

[89] EURACTIV / CHRISTOPHE LECLERCQ (HRSG.): Dossier: Der Kampf gegen den Terrorismus (Anm. 77)

[90] Vgl. GUSY, CHRISTOPH: *Möglichkeiten und Grenzen einer europäischen Antiterrorpolitik.* In: ZULEEG, MANFRED (Hrsg.): *Europa als Raum der Freiheit, derSicherheit und des Rechts.* Nomos Verlagsgesellschaft, 2007,

Hauptgegenstand des Aktionsplans ist eine verstärkte Zusammenarbeit zwischen den nationalen Polizei-, Zoll- und Justizbehörden sowie die Angleichung des Strafrechts in den Mitgliedsstaaten. An erster Stelle steht das Ziel der "Erweiterung der Koalition zur Terrorismusbekämpfung und Erhöhung ihrer Effizienz". Vom Rat wurde hierzu angemerkt, dass dies am besten durch eine Verstärkung und Erweiterung der GASP und der ESVP geschehen könne.[91]

Besondere Bedeutung für diese Möglichkeiten der polizeilichen und justiziellen Zusammenarbeit erlangte eine Reihe an gesetzlichen Maßnahmen. Zunächst wurde das umständliche Auslieferungsverfahren zwischen den Mitgliedsstaaten ersetzt durch die Einführung eines einheitlichen Europäischen Haftbefehls, welcher nach Ausfertigung einer mitgliedsstaatlichen Justizbehörde weitgehend automatisch in allen Mitgliedsstaaten ausgeführt werden kann. Als grundlegende Basis der Zusammenarbeit im Politikfeld Sicherheitspolitik kann die Einführung einer gemeinsamen Definition terroristischer Straftatbestände mit dazugehörigen Mindeststrafen angesehen werden. Auch einigte man sich auf die Einfrierung von Vermögenswerten von des Terrorismus verdächtigten Personen und Organisationen.[92]

Die Maßnahmen wurden durch Rahmenbeschlüsse des Rates umgesetzt. Nach der verabschiedeten einheitlichen Definition sieht die EU terroristische Straftaten als vorsätzliche Handlungen an, "[...] insbesondere Entführung und Geiselnahme, Freisetzung gefährlicher Stoffe und Herbeiführen von Bränden, Überschwemmungen oder Explosionen, wenn dadurch das Leben von Men-

---

Schriftenreihe europäisches Verfassungsrecht 27, S. 61–73, S. 61.

[91] Vgl. Knelangen: Die Ambitionen Europas und die Erfahrung des Scheiterns - Die Europäische Union und der 'Krieg gegen den Terrorismus' (Anm. 18), S. 179 f.

[92] Vgl. Monar: Die EU und die Herausforderung des internationalen Terrorismus Handlungsgrundlagen, Fortschritte und Defizite (Anm. 86), S. 150

schen gefährdet wird, sowie Tötungsdelikte. Ebenfalls als terroristische Straftaten gelten Handlungen, die ein Land oder eine internationale Organisation ernsthaft schädigen können, soweit sie mit dem Ziel begangen werden, die Bevölkerung auf schwerwiegende Weise einzuschüchtern oder öffentliche Stellen rechtswidrig zu einem Tun oder Unterlassen zu zwingen oder die politischen Grundstrukturen ernsthaft zu destabilisieren oder zu zerstören."[93] Aus dieser Definition wird klar, dass sich die Europäische Union, anders als die Regierung der Vereinigten Staaten, nicht in einem Krieg sieht, sondern den Terrorismus als Verbrechen begreift, welches mit polizeilichen Maßnahmen bekämpft wird. Die Strategie der EU basiert hierbei auf einer Reihe an spezifischen Instrumenten, deren Zweck es ist, die Rechtshilfe zwischen den Strafverfolgungsbehörden der Mitgliedsstaaten zu erleichtern.[94] Hierbei handelt es sich z. B. um "[...] Europol, Eurojust, europäischer Haftbefehl und gemeinsame Ermittlungsgruppen (bestehend aus Vertretern der Strafverfolgungsbehörden der verschiedenen Mitgliedsstaaten sowie gegebenenfalls aus Europol-Beamten)".[95]

Die vom Europäischen Rat in Brüssel am 12. Dezember 2003 angenommene Europäische Sicherheitsstrategie (EUSS) wird als ein Zeichen gesehen, dass sich die EU immer mehr als tatsächliche Sicherheitsgemeinschaft begreift. Mit der Europäischen Sicherheitsstrategie zog die EU die strategischen Konsequenzen aus den veränderten Sicherheitsbedrohungen und schuf ein, die GASP und ESVP umfassendes, Grundlagendokument.

[93]Europäische Union: *Glossar - Bekämpfung des Terrorismus.* ⟨URL: `http://europa.eu/scadplus/glossary/fight_against_terrorism_de.htm`⟩ – Zugriff am 10.05.2008, S. Rahmenbeschluss vom 13. Juni 2002

[94]Vgl. a. a. O.

[95]A. a. O.

In der *Europäischen Sicherheitsstrategie* (EUSS) einigten sich die europäischen Staaten auf ein gemeinsames Vorgehen in Form von sieben strategischen Zielen:

- Vertiefung des internationalen Konsens und Verstärkung der internationalen Anstrengungen zur Bekämpfung des Terrorismus
- Eindämmung des Zugangs von Terroristen zu finanziellen bzw. wirtschaftlichen Ressourcen
- Maximierung der Kapazitäten der EU und ihre Mitgliedsstaaten zur Verhinderung terroristischer Anschläge, zur Aufdeckung, Ermittlung und Verfolgung von Terroristen
- Gewährleistung der Sicherheit des internationalen Verkehrs und wirksamer Grenzkontrollsysteme
- Stärkung der Fähigkeiten der EU-Mitgliedsstaaten zur Bewältigung der Folgen eines Terroranschlags
- Untersuchung der Faktoren, die die Unterstützung und das Anwachsen terroristischer Kreise fördern
- Bündelung von EU-Maßnahmen im Bereich auswärtiger Beziehungen auf prioritäre Drittländer, in denen Kapazitäten bzw. die Bereitschaft zur Terrorismusbekämpfung gestärkt werden müssen.[96]

Im Folgenden möchte ich zunächst die Außenpolitik der EU bezüglich der Terrorismusbekämpfung behandeln und insbesondere

[96] AUSWÄRTIGES AMT DER BUNDESREPUBLIK DEUTSCHLAND: *Terrorismusbekämpfung in der Europäischen Union (EU).* ⟨URL: `http://www.auswaertiges-amt.de/diplo/de/Aussenpolitik/Themen/TerrorismusOK/TerrorismusbekaempfungEU.html`⟩ – Zugriff am 17.05.2008

die Reaktionen auf dem Gebiet der EU bezüglich des amerikanischen Vorgehens herausstellen. Im Anschluss werde ich dann auf die nach innen gerichteten sicherheitspolitischen Änderungen und Erweiterungen eingehen.

Außenpolitisch wurden die bereits bestehenden Strukturen weiter gestärkt, beispielsweise wurde die GASP durch die Einführung des Amtes des Hohen Vertreters personifiziert sowie neue sicherheitspolitische und militärische Gremien geschaffen. Mit Nachdruck wurde die Europäische Sicherheits- und Verteidigungspolitik (ESVP) vorangetrieben. [97] Die schnelle Eingreiftruppe der EU, als militärischer Arm der GASP, soll Aufgaben der humanitären Hilfe, Rettungseinsätze, friedenserhaltende Aufgaben sowie Kampfeinsätze einschließlich friedensschaffender Maßnahmen in der Praxis durchführen. Das militärische Personal und Material wird von den Mitgliedsstaaten je nach Erfordernis des bevorstehenden Einsatzes rekrutiert.[98] Hierdurch entstand ein deutliches Konfliktpotenzial zwischen den einzelnen Mitgliedsstaaten und zwischen EU und USA, einen besonders sensiblen Punkt bildete das Verhältnis zwischen der ESVP und der NATO. Hier ging es nicht nur um die Aufgabenüberschneidung zwischen ESVP und NATO, sondern auch um die Autonomie der EU gegenüber der Vorrangstellung der USA.[99] Letztlich kam man

[97]Vgl. Renne, Barbara: *Die Europäische Sicherheits- und Verteidigungspolitik zwischen Anspruch und Wirklichkeit: Probleme und Perspektiven der EUEingreiftruppe unter besonderer Berücksichtigung ihres Verhältnisses zur NATO-Response Force.* Hamburg: Institut für Friedensforschung und Sicherheitspolitik an der Universität Hamburg, Januar 2004, Hamburger Beiträge zur Friedensforschung und Sicherheitspolitik 134, S. 7.

[98]Vgl. a. a. O., S. 8 f.

[99]Vgl. Köhne, Anja: *Die Außen- und Sicherheitspolitik der EU: globaler Vorreiter eines erweiterten Sicherheitsbegriffs?* In: Germanwatch, Worldwatch Institute in Zusammenarbeit mit der Heinrich-Böll-Stiftung und (Hrsg.): *Zur Lage der Welt 2005 - Globale Sicherheit Neu Denken.* Münster: Westfälisches Dampfboot, 2004, S. 22–48, S. 27.

2002 zu einem Kompromiss, welcher die Möglichkeit der Nutzung von NATO-Kapazitäten zum Krisenmanagement durch die EU vorsieht, gleichzeitig aber bestimmt, dass auch Nicht-EU-Mitglieder der NATO so weit wie möglich in die ESVP involviert werden.[100]

Der erste Militärschlag der Vereinigten Staaten im Rahmen des "Krieges gegen den Terrorismus" galt Afghanistan, da es sich hier um einen Staat handeln sollte, welcher Terroristen anstifte, beherberge oder unterstütze (s.o.)[101]. Dieser Angriff wurde von der EU als legitim im Sinne der UN Resolution 1368 angesehen. Militärische Unterstützung von Seiten der EU gab es allerdings nicht, hier sah man sich zwar dazu aufgerufen, eine möglichst breite Koalition gegen den Terrorismus zu bilden, militärische Aktionen wurden dagegen als Angelegenheit nationaler Regierungen angesehen. Somit basierte die Beteiligung einiger EU-Mitgliedsstaaten bei der Unterstützung der amerikanischen Truppen auf bilateralen Vereinbarungen der jeweiligen Staaten mit den USA und nicht auf Aktionen der EU-Ebene. Hier zeigen sich deutlich "erste Risse in der Einigkeit" in der EU bezüglich des Vorgehens gegen den Terrorismus.[102] Bezüglich der Planung des Wiederaufbaus Afghanistans und weiterer Hilfsprogramme brachte sich die Europäische Union wieder verstärkt mit ein und wurde der wichtigste Geldgeber für den Wiederaufbau des Landes. Eine Beteiligung an der International Security Assistance Force (ISAF), welche die internationalen und die afghanischen Behörden schützen sollte, wurde allerdings wieder den Mitgliedsstaaten überlassen. Es wurde auch ausdrücklich betont, dass es

[100]Vgl. KÖHNE: Die Außen- und Sicherheitspolitik der EU: globaler Vorreiter eines erweiterten Sicherheitsbegriffs? (Anm. 99), S. 27.

[101]Vgl. KNELANGEN: Die Ambitionen Europas und die Erfahrung des Scheiterns - Die Europäische Union und der 'Krieg gegen den Terrorismus' (Anm. 18), S. 182.

[102]Vgl. a. a. O.

sich hierbei um eine internationale Truppe auf Grundlage des UN-Mandats handele und nicht um eine EU-Truppe.[103]

Auch bei den weiteren Aktionen der USA entwickelte sich stets die Frage nach dem Verhalten der EU zu einer Zerreißprobe. Insbesondere die Frage der Unterstützung des Irak-Kriegs spaltete die europäischen Staaten. Die Positionen der Regierungen der Mitgliedsstaaten zur "Irak-Frage" zeigten indirekt auch ihre Einstellung zur neuen amerikanischen Sicherheitspolitik und ihrer Strategie zum Umgang mit internationalen Bedrohungen. Einen einheitlichen Standpunkt auf EU-Ebene zu erreichen, erschien hier fast unmöglich.[104] Auch zeigten sich deutlich die Meinungsverschiedenheiten zwischen Europäern und Amerikanern. Viele Regierungen in Europa wiesen darauf hin, dass keine direkte Verbindung zwischen einer Bedrohung durch Massenvernichtungswaffen des Iraks und den terroristischen Anschlägen erkennbar sei. Die 2002 verabschiedete *National Security Strategy*[105] der USA wurde in Europa mit großer Skepsis gesehen. Man befürchtete sogar, die amerikanische Strategie könne das System der internationalen Verträge und das Völkerrecht gefährden.[106] So waren sich beispielsweise der deutsche Bundeskanzler Schröder und der französische Präsident Chirac darin einig, dass ein Krieg gegen den Irak vermieden und die Autorität des Sicherheitsrates gewahrt bleiben müsse.[107] Auf der anderen Seite erklärte der britische Premierminister Blair, dass sein Land auch dann mit den USA in den Krieg ziehen werde, wenn kein Mandat des UNO-Sicherheitsrates dafür existiere. [108]

---

[103] Vgl. a. a. O., S. 184.
[104] Vgl. a. a. O., S. 188 f.
[105] The White House: The National Security Strategy of the United States of America (Anm. *16)*
[106] Vgl. Knelangen: Die Ambitionen Europas und die Erfahrung des Scheiterns - Die Europäische Union und der 'Krieg gegen den Terrorismus' (Anm. 18), S. 190.
[107] Vgl. a. a. O., S. 194.
[108] Vgl. a. a. O., S. 189.

Für die nach außen gerichtete Sicherheitspolitik der Europäischen Union lässt sich somit bilanzieren, dass der Staatenbund EU durch den auftretenden internationalen Terrorismus als gemeinsamen Feind zunächst geeint wurde, doch schon kurz darauf, insbesondere an der Frage, wie gegen den internationalen Terrorismus vorzugehen sei, wieder in seine Mitgliedsstaaten zerfiel und die Pläne der gemeinsamen Außen- und Sicherheitspolitik nur sehr bedingt umsetzen konnte.[109] Die EU-Außen- und Sicherheitspolitik ist trotz ihrer Fortschritte weiterhin von "offenen Fragen, politischen Divergenzen und mangelnder Effektivität"[110] gekennzeichnet. Die größten Konfliktpunkte entstehen hier in sehr unterschiedlichen Haltungen zur Frage von „Krieg und Frieden", zur Integration eigener außenpolitischer und militärischer Kapazitäten in ein europäisches System sowie zur transatlantischen Politik.[111]

### 6.2.2 Richtlinien zur inneren Sicherheit

Die Aufgaben der Europäischen Union werden durch den Unionsvertrag normiert, was bedeutet, dass sie keine Aufgaben und Zuständigkeiten wahrnehmen kann, die ihr nicht durch den Unionsvertrag bzw. Ergänzungen oder Änderungen desselben eingeräumt worden sind.[112] So auch auf dem Gebiet der Sicherheitspolitik, wo die gegenwärtige Zusammenarbeit der Mitgliedsstaaten auf den Regelungen des Vertrags von Nizza, der am 1.2. 2003 in Kraft getreten ist, basiert. Dieser stellt dem Rat der Innen- und

[109] Vgl. Knelangen: Die Ambitionen Europas und die Erfahrung des Scheiterns - Die Europäische Union und der 'Krieg gegen den Terrorismus' (Anm. 18), S. 197 f.

[110] Köhne: Die Außen- und Sicherheitspolitik der EU: globaler Vorreiter eines erweiterten Sicherheitsbegriffs? (Anm. 99), S. 36.

[111] Vgl. a. a. O.

[112] Vgl. Ipsen, Jörn: *Staatsrecht I: Staatsorganisationsrecht.* München: Luchterhand Verlag, [16]2004, S. 21.

Justizminister zur Verwirklichung der Vertragsziele verschiedene Rechtsinstrumente zur Verfügung:

"Der 'Gemeinsame Standpunkt' legt das Vorgehen der EU in einer gegebenen Frage fest, etwa eine Verhandlungsposition zu internationalen Vereinbarungen. Der 'Rahmenbeschluss' soll eingesetzt werden, um die Rechts- und Verwaltungsvorschriften der Mitgliedsstaaten anzugleichen. Er ist im Hinblick auf das vereinbarte Ziel (politisch) verbindlich, überlässt den Mitgliedsstaaten jedoch die Wahl der Mittel zur Erreichung dieses Ziels. Im Unterschied zur Richtlinie des Gemeinschaftsrechts geht von einem Rahmenbeschluss keine unmittelbare Wirkung aus. Der (einfache) Beschluss steht für alle anderen Bereiche zur Verfügung, ist ebenfalls (politisch) verbindlich, aber nicht unmittelbar wirksam. Schließlich verbleibt dem Rat die Möglichkeit, völkerrechtliche 'Übereinkommen' zu beschließen, die von den Mitgliedsstaaten ratifiziert werden müssen. In allen Fällen werden die Rechtsakte des EU-Systems der Inneren Sicherheit damit erst durch die Umsetzung in nationales Recht wirksam."[113]

Für die dieser Arbeit zugrunde liegende Frage nach den Auswirkungen der Sicherheitspolitik auf das Demokratieverständnis spielen hier die Rahmenbeschlüsse, welche die Rahmenbedingungen für eine effektive grenzüberschreitende Zusammenarbeit von Polizei- und Justizbehörden der Mitgliedsstaaten schaffen sollen, eine herausragende Rolle.

Im März 2004 und im Juli 2005 wurde die Europäische Union selbst das Ziel von Terroranschlägen in Madrid und London. In den folgenden Jahren konnten zudem in Österreich, Dänemark, Frankreich, Deutschland und im Vereinigten Königreich weitere Anschläge vereitelt werden. Als Reaktion wurden die bestehenden Maßnahmen im *Rahmenbeschluss zur Terrorismusbe-*

[113]Knelangen, Wilhelm: *EU-System der Inneren Sicherheit.* In: Lange, Hans-Jürgen und Gasch, Matthias (Hrsg.): *Wörterbuch zur Inneren Sicherheit.* VS Verlag für Sozialwissenschaften, 2006, S. 74–77, S. 75 f.

*kämpfung* weiter spezifiziert und auf die Szenarien der jüngsten Anschläge angepasst.

Der Europäische Rat bezeichnete am 25. März 2004 terroristische Handlungen als "Anschläge gegen die Grundwerte der Union" und forderte die Entwicklung einer langfristigen EU-Strategie, die an allen Faktoren ansetzt, die zum Terrorismus beitragen.[114] Zudem wurde spätestens seit den Terroranschlägen in London vom 7. Juli 2005 die Gefahr einer Radikalisierung und Rekrutierung von Terroristen innerhalb der EU, den so genannten "home grown"-Terrorismus, erkannt und verstärkt daran gearbeitet, diese Gefahr im eigenen Machtbereich zu bekämpfen, was sich in der *Strategie der Europäischen Union zur Bekämpfung von Radikalisierung und Anwerbung für den Terrorismus* und der *Europäischen Sicherheitsstrategie* (EUSS) widerspiegelt.[115]

Auch wurden nach den Anschlägen auf europäischem Gebiet bis Ende 2005 durch Rahmenbeschlüsse zur Speicherung von Telekommunikationsdaten, zum Umgang mit Beweismitteln und zum Informationsaustausch zwischen Strafverfolgungsbehörden die innere Sicherheit und die Zusammenarbeit in diesem Bereich weiter gestärkt. Auch die bisherigen EU Maßnahmen zur Unterbrechung der Finanzierungswege von Terrorgruppen wurden evaluiert und in ihrer Effizienz entsprechend verbessert.[116]

Als weiteres Grundlagendokument wurde im Oktober 2004 das *"Haager Programm zur Stärkung von Freiheit, Sicherheit und Recht in der Europäischen Union"* verabschiedet. Hier wurden die Ziele und Leitlinien der europäischen Innenpolitik festgeschrieben, auf denen bis zum gegenwärtigen Zeitpunkt die Sicherheitspolitik der EU basiert.[117] Das auf dem EU-Gipfel von

[114] Vgl. Auswärtiges Amt der Bundesrepublik Deutschland: Terrorismusbekämpfung in der Europäischen Union (EU) (Anm. 96)

[115] Vgl. a. a. O.

[116] Vgl. Bauer und Algieri: Viel erreicht, aber noch viel zu tun: Die Vielschichtigkeit europäischer Maßnahmen zur Bekämpfung des Terrorismus (Anm. 12), S. 173.

[117] Auswärtiges Amt der Bundesrepublik Deutschland: Terrorismus-

Tampere im Jahr 1999 beschlossene Ziel des Aufbaus eines EU-weiten 'Raums der Freiheit, der Sicherheit und des Rechts' war Teil eines fünfjährigen Arbeitsprogramms, welches 2004 endete. Das Haager Programm sollte nun die Leitlinien für die künftige Zusammenarbeit im Bereich Justiz und Inneres festlegen und wurde für den Zeitraum 2005 bis 2010 vorgesehen.

Am 10. Mai 2005 hat die Kommission einen Aktionsplan zur Umsetzung des Haager Programms vorgelegt. In ihm werden zehn Schwerpunktbereiche aus den Bereichen Migration und Asyl, justizielle Zusammenarbeit, Bekämpfung von Terrorismus und organisierter Kriminalität sowie Grundrechtsschutz und Unionsbürgerschaft festgelegt.[118]

Neben einer detaillierten Prioritätenliste und einem Zeitplan wird auch eine jährliche Evaluierung zur Umsetzung des Programms vorgesehen. Den ersten so genannten Fortschrittsanzeiger legte die Kommission am 28. Juni 2006 vor.

Das Haager Programm betont, dass bei der Bekämpfung des internationalen Terrorismus nur eine globale Strategie erfolgreich sein kann. Es bedürfe daher eines integrierten und kohärenten Vorgehens, das auf Prävention und Informationsaustausch setzt.

Durch dem Vertrag von Lissabon, der am 13. Dezember 2007 unterzeichnet und bis Mitte 2009 von allen Mitgliedsstaaten ratifiziert werden soll, wird die polizeiliche und justizielle Zusammenarbeit auch im Bereich Strafsachen weitgehend "vergemeinschaftet". Zudem wird die Gerichtsbarkeit des Europäischen Gerichtshofes EuGH erweitert und die Grundrechtecharta durch einen Verweis im EU-Vertrag in das Primärrecht einbezogen. Im

---

bekämpfung in der Europäischen Union (EU) (Anm. 96)

[118]Vgl. EurActiv / Christophe Leclercq (Hrsg.): *Das Haager Programm - Programm 2005-10 für Justiz und Inneres.* ⟨URL: `http://www.euractiv.com/de/sicherheit/haager-programm-programm-2005-10-justiz-inneres/article-132148`⟩ – Zugriff am 20.05.2008

Dezember 2005 wurde zudem *Eine Strategie für die Außendimension des Raums der Freiheit, der Sicherheit und des Rechts,*[119] welche Maßnahmen für die äußere Sicherheitspolitik bestimmt, vom Rat gebilligt.[120]

Bezüglich der verabschiedeten Richtlinien und ihrer Grundlagen wurde stets auf die Notwendigkeit der Einhaltung von Grundrechten explizit hingewiesen. Insbesondere der im Haager Programm erklärte Schutz der Grundrechte soll hier noch einmal hervorgehoben werden:

Laut diesem dürfen die Wahrung des Privatlebens, das Recht auf freien Personenverkehr und Bestimmungen zum Datenschutz nicht durch Maßnahmen beeinträchtigt werden, die z.B. bei der Kriminalitäts- und Terrorismusbekämpfung Anwendung finden.[121] Doch dieser Vorsatz scheint bei der Umsetzung häufig vernachlässigt worden zu sein, wie Menschenrechtsorganisationen anprangern.

Eine oft kritisierte Auswirkung der stärkeren informellen Zusammenarbeit sind die so genannten "Anti-Terror-Listen". Europol erhielt den Auftrag, in Zusammenarbeit mit den Behörden der Mitgliedsstaaten eine Liste der in der EU tätigen terroristischen Organisationen und involvierten Personen zu erstellen.[122] Diese bereits seit Dezember 2001 in regelmäßigen Abständen aktualisierte und als Teil des Lageberichts zum Terrorismus

---

[119] Einsehbar unter: http://eur-lex.europa.eu/LexUriServ/site/de/com/2005/com2005_0491de01.pdf, Zugriff am 02.06.2008

[120] Vgl. Zander, Simone: *Allgemeines zum Haager Programm.* In: *Haager Programm zur Innen- und Justizpolitik der EU.* Deutsches Institut für Internationale Politik und Sicherheit, 2006 ⟨URL: `http://vt-www.bonn.iz-soz.de/swpthemen/servlet/de.izsoz.dbclear.query.browse.BrowseFacette/domain=swp/lang=de/filter=1/sable=true/qup=true?f58=12138,12139_12139&order=-pubyear,title`⟩ – Zugriff am 22.05.2008

[121] Vgl. a. a. O.

[122] Vgl Monar: Die EU und die Herausforderung des internationalen Terrorismus Handlungsgrundlagen, Fortschritte und Defizite (Anm. 86), S. 153.

auch dem Rat vorgelegte Liste diente als Grundlage für die Einfrierung von Vermögenswerten und weiterer Maßnahmen. Auch die Vereinten Nationen führen solche "schwarzen Listen".[123] Medienwirksam und öffentlich kritisiert wurden diese Listen und die auf ihrer Basis geführten Maßnahmen der EU-Sicherheitspolitik durch Klagen betroffener Personen vor dem EuGH.[124]

Zu einer besonders starken Kontroverse kam es insbesondere bei der *Richtlinie zur Vorratsdatenspeicherung*, welche von den Mitgliedsstaaten verlangt, künftig alle Kommunikationsdaten von Festnetz- und Mobilfunkgesprächen sechs Monate lang zu speichern. Bei Mobilfunkgesprächen wird zudem der Ort des Telefonats erfasst.[125]

Auch Menschenrechtsorganisationen äußerten Sorgen bezüglich der europäischen Sicherheitspolitik. So brachte beispielsweise Amnesty International in einem offenen Brief an den Europäischen Rat seine Besorgnis darüber zum Ausdruck, dass

> "das Vakuum in den Programmen, die die Ambitionen verwirklichen sollen, trotz der erklärten Absicht und angemessenen Verweise auf Grundrechte, zu groß ist. In Bezug auf die Instrumente und Strukturen, derer es für den Schutz von Grundrechten bedarf,

---

[123] Vgl a. a. O.

[124] Vgl. hierzu beispielsweise den Fall *Yassin Abdullah Kadi C-402/05 P*, einsehbar unter:
http://eur-lex.europa.eu/LexUriServ/LexUriServ.do?uri=CELEX:62001A0315:DE:HTML;
Letzter Zugriff am 06.06.2008.

[125] Vgl. Europäische Union: *RICHTLINIE 2006/24/EG DES EUROPÄISCHEN PARLAMENTS UND DES RATES vom 15. März 2006 über die Vorratsspeicherung von Daten, die bei der Bereitstellung öffentlich zugänglicher elektronischer Kommunikationsdienste oder öffentlicher Kommunikationsnetze erzeugt oder verarbeitet werden, und zur Änderung der Richtlinie 2002/58/EG.* ⟨URL: `http://eur-lex.europa.eu/LexUriServ/LexUriServ.do?uri=OJ:L:2006:105:0054:0063:DE:PDF`⟩ – Zugriff am 09.06.2008

> mangelt es an Kohärenz und Mitteln. Die Tatsache, dass es bei Asyl in erster Linie um Menschenrechte geht, scheint bei all den Diskussionen über den Umgang mit Einwanderung vergessen worden zu sein. Da das Arbeitsprogramm für Justiz und Inneres zunehmend von der Bekämpfung des Terrorismus und der Bekämpfung 'illegaler Einwanderung' geprägt ist, besteht zunehmend die Gefahr, dass der Schwerpunkt zu einseitig auf den 'Sicherheitsaspekt', und damit zu Lasten der Elemente 'Recht' und 'Freiheit' gelegt wird". [126]

Selbst der Artikel II-67 der europäischen Grundrechtscharta wurde bereits als staatliches Instrument für eine verstärkte Sicherheitspolitik kritisiert. Der Artikel besagt, dass jeder Mensch ein Anrecht auf Freiheit UND Sicherheit habe[127] und enthält somit auch ein "Grundrecht auf Sicherheit".

Da kein Staat die absolute Sicherheit seiner Bürger effektiv gewährleisten kann (s.o.), wird dieses Grundrecht als höchst problematisch angesehen. Auch lässt sich umgekehrt aus einem Grundrecht auf Sicherheit auch ein Anspruch des Staates an seine Bürger ableiten, sich ordnungsgemäß zu verhalten - ein bewusster Gegensatz zur ursprünglichen Funktion der Grundrechte als Abwehrrechte gegen staatliche Macht.[128]

Des Weiteren wird der in der europäischen Sicherheitspolitik angestrebte verstärkte Informationsaustausch, insbesondere im Rahmen der Zusammenarbeit bei der Terrorismusbekämpfung, vielfach aus Gründen des Datenschutzes kritisiert.

[126] EurActiv / Christophe Leclercq (Hrsg.): Das Haager Programm - Programm 2005-10 für Justiz und Inneres (Anm. 118)

[127] vgl. Europäische Union: Offizieller Text der Grundrechtscharta als Teil der Europäischen Verfassung (Anm. 43) Titel II, Artikel II-67

[128] Vgl. Albrecht: Die vergessene Freiheit - Strafrechtsprinzipien in der europäischen Sicherheitsdebatte (Anm. 60), S. 13.

Nach eigenen Angaben sucht die EU selbst noch "das richtige Verhältnis zwischen Informationsaustausch und Datenschutz".[129] Dagegen geht vielen Spezialisten die Zusammenarbeit bereits viel zu weit. Grundsätzlich sollen alle Informationen EU-weit zugänglich sein (die Mitgliedsstaaten bestanden allerdings auf einigen Ausnahmen). Für den Zugang zu Datenbanken und deren Interoperabilität zwischen den Mitgliedsstaaten und der EU sollen neue Standards geschaffen werden (u.a. Schengener Informationssystem II). Bei diesen Schritten bestünde laut Datenschützern die Gefahr, dass Behörden Zugang zu Daten bekämen, die zu konsultieren sie nicht berechtigt sind.[130] Auch darf hier die außenpolitische Dimension der Zusammenarbeit nicht außer Acht gelassen werden: Es soll mit Drittstaaten kooperiert werden, z.B. beim Datenaustausch (insbesondere mit den USA), aber auch bei der Bekämpfung der Ursachen des Terrorismus. Hier stellen sich deutlich Fragen zur demokratischen Kontrolle und Legitimierung der einzelnen Maßnahmen, denn das Europäische Parlament hat bei vielen Vorhaben kein Mitentscheidungsrecht und nationale Parlamente sind ebenso selten involviert. Die Maßnahmen zur Kriminalitäts- und Terrorismusbekämpfung erstrecken sich so über alle drei Säulen der EU, der Europäische Verfassungsvertrag hätte dieses Problem durch die vorgesehene Auflösung der Säulen-Struktur zumindest abgemildert.[131]

Am 30. Mai 2006 erklärte der Europäische Gerichtshof die Übermittlung europäischer Fluggastdaten an US-Behörden für

---

[129] Zitiert nach Schülke, Christian: *Kriminalitäts- und Terrorismusbekämpfung.* In: *Haager Programm zur Innen- und Justizpolitik der EU.* Deutsches Institut für Internationale Politik und Sicherheit, 2006 ⟨URL: `http://vt-www.bonn.iz-soz.de/swpthemen/servlet/de.izsoz.dbclear.query.browse.BrowseFacette/domain=swp/lang=de/filter=1/sable=true/qup=true?f58=12138,12155_12155&order=creator,-pubyear,title`⟩ – Zugriff am 22.05.2008

[130] Vgl. a. a. O.

[131] Vgl. a. a. O.

illegal, da diese auf keiner rechtlichen Grundlage basierten. Das entsprechende Abkommen war am 28. Mai 2004 in Washington unterzeichnet worden. Rat und Kommission waren mit dem Abkommen auf Forderungen der Regierung in Washington eingegangen, welche nach den Terroranschlägen vom 11. September 2001 umfassende Angaben über Reisende in die USA verlangt hatten (s.o.). Unter den Klagegründen finden sich unter anderem, dass mit dem Abschluss des Abkommens gegen Grundrechte verstoßen wurde, und zwar insbesondere gegen das Recht auf Schutz personenbezogener Daten, das in seinem Kernbereich betroffen sei, und dass das Abkommen zudem einen nicht gerechtfertigten Eingriff in das Privatleben darstelle, was gegen Artikel 8 der Europäischen Menschenrechtskonvention verstoße. Zudem wird ein "Verstoß gegen den Verhältnismäßigkeitsgrundsatz, der insbesondere darin liege, dass das Abkommen die Übermittlung einer übermäßigen Zahl von Fluggastdaten und eine zu lange Speicherzeit durch die amerikanischen Behörden vorsehe" angeführt.[132] Auch eine Entscheidung der EU-Kommission, die einen angemessenen Datenschutz in den Vereinigten Staaten feststellte, wurde für nichtig erklärt.[133]

Am Haager Programm wurde ebenfalls deutliche Kritik geäußert. So wird häufig bemängelt, dass das Programm bei der Kriminalitäts- und Terrorismusbekämpfung keine Visionen biete, sondern sich auf operationale Maßnahmen beschränke. Des Weiteren sei die Umsetzung und Implementierung der beschlossenen Maßnahmen oft mangelhaft, einerseits weil es am politischen

[132] EuGH: Klage des Europäischen Parlaments gegen den Rat der Europäischen Union (Rechtssache C-317/04).

[133] Vgl. ZEIT ONLINE - 30.05.2006: *Übermittlung von Fluggastdaten illegal. Die Übermittlung europäischer Fluggastdaten an US-Behörden hat keine rechtliche Grundlage, entscheidet am Dienstag der Europäische Gerichtshof in Luxemburg.* ⟨URL: `http://www.zeit.de/online/2006/22/Fluggastdaten-EuGH`⟩ – Zugriff am 23.05.2008

Willen fehle, aber auch aufgrund von Gerichtsentscheidungen.[134]

So erklärte beispielsweise das deutsche Bundesverfassungsgericht mit einem Urteil vom 18. Juli 2005 das Europäische Haftbefehlsgesetz für nichtig. "Das Gesetz greife unverhältnismäßig in die Auslieferungsfreiheit (Art. 16 Abs. 2 GG) ein, da der Gesetzgeber die ihm durch den Rahmenbeschluss zum Europäischen Haftbefehl eröffneten Spielräume nicht für eine möglichst grundrechtsschonende Umsetzung des Rahmenbeschlusses in nationales Recht ausgeschöpft habe. [...] Solange der Gesetzgeber kein neues Ausführungsgesetz zu Art. 16 Abs. 2 Satz 2 GG erlässt, ist die Auslieferung eines deutschen Staatsangehörigen daher nicht möglich."[135]

Auffällig im Bereich der Kriminalitäts- und Terrorismusbekämpfung ist zudem die Tatsache, dass einige Mitgliedsstaaten schneller voranschreiten wollen als andere. Dies führte im Mai 2005 zur Unterzeichnung des Vertrages von Prüm durch sieben Mitgliedsstaaten. Hier vereinbarten die Vertragspartner - auf rein intergouvernementaler Ebene - eine verstärkte Zusammenarbeit in der Innen- und Justizpolitik. Konkret geht es, neben einem Maßnahmenkatalog zur Verhinderung von terroristischen Straftaten, um eine Vereinfachung des Datenaustausches der Strafverfolgungsbehörden, wie den Abgleich von DNA-Profilen und Fingerabdrücken. Dies geschieht dank der Möglichkeit des direkten Zugriffs auf die Datenbanken der anderen Vertragspartner, allerdings nicht nach dem Grundsatz der Verfügbarkeit, was mit dem Haager Programm in Konflikt steht. Des Weiteren wird diese Form der Zusammenarbeit aus integrationstheoretischen Gründen deutlich kritisiert, da sie außerhalb der europäischen

[134]Vgl. SCHÜLKE: Kriminalitäts- und Terrorismusbekämpfung (Anm. 129)

[135]Bundesverfassungsgericht - Zum Urteil vom 18. Juli 2005 – 2 BvR 2236/04 – Online einsehbar unter: http://www.bundesverfassungsgericht.de/entscheidungen/rs20050718_2bvr223604.html, Zugriff am 02.06.2008.

Verträge angesiedelt ist. Zudem weckt auch hier die mangelnde parlamentarische Kontrolle der Kooperation starke Bedenken.

Abschließend lässt sich feststellen, dass die Kriminalitäts- und Terrorismusbekämpfung in der EU mit dem Haager Programm deutlich intensiviert wurde. Die Kooperation leidet aber unter Problemen institutioneller Natur; außerdem stellen sich Fragen von Legitimation und demokratischer Kontrolle.[136]

### 6.2.3 Zwischenergebnis für die EU

Nach dem 11. September 2001 sind die Europäische Union und ihre Mitgliedsstaaten in ihrer Mehrheit auf die Bedrohungsanalyse der Bush-Administration eingeschwenkt, wie sie in der *National Security Strategy*[137] festgelegt wurde. Hiernach muss sich der Westen hauptsächlich mit der Herausforderung seitens Sicherheitsbedrohungen wie dem internationalen Terrorismus oder über Massenvernichtungswaffen verfügender „Schurkenstaaten“ auseinanderzusetzen. Es bestünde „eine Situation allgemeiner Unsicherheit“, „die durch diffusere Risiken charakterisiert ist, einschließlich jenen, die mit internationalen terroristischen Organisationen oder der Nutzung von Massenvernichtungswaffen verbunden sind, welche sich den für die Konfliktbearbeitung im herkömmlichen Verständnis vorgesehenen Mitteln entziehen.[138]

Anders als die Vereinigten Staaten sieht man sich jedoch nicht in einem Kriegszustand und definiert terroristische Aktionen als schwere Verbrechen und nicht als kriegerische Angriffe. Man ver-

[136] Vgl. Schülke: Kriminalitäts- und Terrorismusbekämpfung (Anm. 129)

[137] The White House: The National Security Strategy of the United States of America (Anm. *16)*

[138] Vgl. Schrader, Lutz: *Europäische Sicherheits- und Verteidigungspolitik im Jahre drei: Welcher Kurs angesichts der neuen "Grand Strategy"der Bush-Administration?* In: *State of Peace 2002: Ground Zero - Friedenspolitik nach den Terroranschägen auf die USA*. Österreichisches Studienzentrum für Frieden und Konfliktlösung, 2003 ⟨URL: `http://www.bpb.de/files/LKV1OP.pdf`⟩, S. o.S., S. 2.

sucht der "Situation allgemeiner Unsicherheit" durch rechtsstaatliche Instrumente Herr zu werden.

Für dieses Vorgehen hat die Außen- und Sicherheitspolitik der EU außen- wie innenpolitisch hohe Ansprüche an sich selbst hinsichtlich der Wahrung der Menschenrechte gestellt.[139] In nahezu sämtlichen Richtlinien und Verträgen wird explizit auf den Schutz und die Wahrung der Freiheits- und Bürgerrechte hingewiesen. Doch stellt sich bei näherer Betrachtung heraus, dass diese in konkreten Entscheidungen zur inneren Sicherheit nicht konsequent umgesetzt werden.[140] Auf der nationalstaatlichen Ebene der Mitgliedsstaaten zeigen sich zudem ähnliche Vorgehensweisen wie in den USA: Sicherheitsgesetze, welche bereits weit vor den Anschlägen formuliert wurden, aber aufgrund von Widerstand nicht verabschiedet werden konnten, werden nun in kürzester Zeit durchgedrückt. Des Weiteren wurden sowohl auf nationalstaatlicher wie auch auf supranationaler Ebene die Sicherheitsbehörden deutlich gestärkt und der staatenübergreifende Informationsaustausch zwischen den Behörden verbessert. Dies mag eine erhebliche Effizienzsteigerung für die Sicherheitspolitik bedeuten, allerdings ergeben sich an dieser Stelle auch deutliche Gefahren für die Demokratie und die Menschenrechte.

Die effektive "Kontrolle der Kontrolleure" durch Parlamente, Datenschutzbeauftragte, unabhängige Gerichte und eine kritische Öffentlichkeit ist eine der bedeutendsten Errungenschaften des demokratischen Rechtsstaats. Genau hier liegt ein deutliches Problem der EU als supranationalem Akteur. Durch die verstärkte Zusammenarbeit der Staaten und die Übertragung von Kompetenzen auf die "europäische Ebene" drohen die Kontrollmechanismen der Nationalstaaten an Effektivität einzubüßen, ohne

[139] Vgl. KÖHNE: Die Außen- und Sicherheitspolitik der EU: globaler Vorreiter eines erweiterten Sicherheitsbegriffs? (Anm. 99), S. 34 f.
[140] Vgl. a. a. O.

dass auf inter- bzw. supranationaler Ebene Kontrollmechanismen geschaffen worden wären, um das Defizit auszugleichen.[141] Das häufig kritisierte "Demokratiedefizit" der EU erweist sich somit im Politikfeld der Sicherheitspolitik als besonders problematisch. Auch soll an dieser Stelle darauf hingewiesen werden, dass die nicht rechtsverbindlichen Programmdokumente des Rates, vor allem die so genannten "Aktionspläne", welche eine langfristige Angleichung der Prioritäten und der nationalen Praktiken zum Ziel haben, weder der Mitentscheidung noch der Zustimmung des Europäischen Parlaments bedürfen.[142] Die sicherheitspolitische Zusammenarbeit zwischen der Union und Drittstaaten zeigt einen weiteren Fall mangelnder demokratischer Kontrollmöglichkeiten auf. So hat beispielsweise das Europol-Abkommen mit den USA gezeigt, dass Mitgliedsstaaten und Rat im Bereich der Sicherheitspolitik leicht die Tendenz dazu zeigen, die Parlamente vor vollendete Tatsachen zu stellen - und das, obwohl hier grundlegende Rechte von EU-Bürgern betroffen sind.[143]

[141] Vgl. Wagner: Europäisierung der Polizeiarbeit ohe Einschränkung von Grundrechtsschutz und parlamentarischer Kontrolle? Europol nach dem Scheitern des Europäischen Verfassungsvertrags (Anm. 76), S. 271.

[142] Vgl. Monar: Die EU und die Herausforderung des internationalen Terrorismus Handlungsgrundlagen, Fortschritte und Defizite (Anm. 86), S. 171.

[143] Vgl. a. a. O.

# 7 Vergleich der Maßnahmen von USA und EU

Betrachtet man die sicherheitspolitischen Maßnahmen beider Akteure, so fällt zunächst die vollkommen unterschiedliche Einordnung terroristischer Handlungen auf. Die USA sehen die Anschläge vom 11.09.2001 als kriegerischen Angriff auf die Vereinigten Staaten und die gesamte westliche Welt. Außenpolitisch antworteten sie entsprechend mit einem langfristig angelegten Krieg gegen den Terrorismus. Das Eintreten in einen Kriegszustand ermöglichte es der Exekutive, ihre Befugnisse und Mittel bis an die Grenzen der Zulässigkeit (und auch darüber hinaus) auszudehnen. Außenpolitisch ermöglichte dieses Vorgehen, dem internationalen Terrorismus mit dem bewährten Mittel der militärischen Überlegenheit der Supermacht entgegentreten zu können. Ob dieses Vorgehen angesichts der veränderten Rahmenbedingungen erfolgversprechend sein kann, sei dahingestellt. Innerpolitisch wird durch den Kriegszustand eine gefährlich Vermischung von militärischen und strafrechtlichen Elementen geschaffen. Wenn der Ausnahmezustand zur Regel wird, droht die Zivilgesellschaft als Normalfall menschlichen Zusammenlebens den Anforderungen der Kriegsführung unterworfen und damit der zivile Charakter der Gesellschaft in Richtung autoritärer Mechanismen verschoben zu werden.[1] In den vom UN-Sicherheitsrat nach dem 11. September 2001 verabschiedeten Resolutionen zur Bekämpfung

[1] Vgl. GRAULICH und SIMON: *Terrorismus und Rechtstaatlichkeit - Analysen, Handlungsoptionen, Perspektiven* (Anm. 47), S. XIII.

des internationalen Terrorismus, welche oft als juristische Rechtfertigungsgrundlage für die im Namen des "Krieg gegen den Terror" geführten militärischen Einsätze verwendet werden, werden ausdrücklich zivile Mittel und Maßnahmen vorgeschlagen.[2] Dass sich die Vereinigten Staaten nach dem 11. September dennoch mit ihrem sicherheitspolitischen Weltbild weitgehend durchsetzen konnten, sagt viel über das Kräfteverhältnis zwischen der einzig verbliebenen Supermacht und dem „Rest der Welt" aus, zu dem auch die Europäische Union und ihre Mitgliedsstaaten gehören.[3] Doch hat das Vorgehen der USA auf außen- wie innenpolitischer Ebene erhebliche Kritik erfahren müssen. Besonders verunsichert hat die Opferung von Freiheits- und Menschenrechten sowie die Ereignisse von Guantánamo viele Kritiker in der Welt, "[...] weil die Vereinigten Staaten von Amerika als Geburtsort der verfassten Menschenrechte gelten und die USA in ihrer Geschichte die Verteidigung dieser grundlegenden Rechte auf Freiheit und Selbstbestimmung immer wieder als Motivation für politische und militärische Interventionen angeführt haben."[4] In den USA konnten sich angesichts eines "Klimas der Angst" Kontrollmaßnahmen etablieren, die bisher nicht für möglich gehalten wurden und deutlich zu Lasten der durch die Verfassung zugesicherten Bürger- und Freiheitsrechte gehen.

Auch auf der anderen Seite des Atlantischen Ozeans reagierte man heftig auf die terroristischen Anschläge. Allerdings wurde hier ein militärisches Vorgehen wesentlich differenzierter gesehen und führte angesichts des amerikanischen Irak-Krieges zu deutlichen Spannungen in der EU. Terroristische Aktivitäten werden

[2]Vgl. AG Friedensforschung der Uni Kassel, , Peter Strutynski: Die Terrorismus-Resolutionen des UN-Sicherheitsrats nach dem 11. September 2001 (Anm. 83)

[3]Vgl. Schrader: State of Peace 2002 2003 (Anm. 138), S. 2.

[4]Hucke: *Der Schutz der Menschenrechte im Lichte von Guantánamo - Die Behandlung der Gefangenen und die Begründung von Menschenrechten* (Anm. 60), S. 24.

in Europa grundsätzlich als Straftaten angesehen und somit auch strafrechtlich geahndet. Die gemeinsame Bedrohung sorgte in der Zeit nach dem 11.09.2001 für eine deutliche Beschleunigung der gemeinsamen justiziellen und sicherheitspolitischen Bemühungen der Mitgliedsstaaten.

Im Zuge der sicherheitspolitischen und justiziellen Innovationen in der europäischen Sicherheitspolitik mussten die Bürger allerdings auch "[...] eine signifikante Verminderung des individuellen Rechtsschutzniveaus hinnehmen."[5] Auch drohen unbestimmte Definitionen von Straftatbeständen die unter Umständen legitimen Handlungen weiter Bevölkerungskreise zu kriminalisieren. Zwar wird in der europäischen Sicherheitspolitik darauf hingewiesen, dass bei sicherheitspolitischen Maßnahmen stets Freiheits- und Bürgerrechte geschützt werden sollen, doch durch die bedenklich unterentwickelten parlamentarischen wie justiziellen Kontrollkompetenzen[6] geraten diese bei einer akuten Gefahr schnell in den Hintergrund. Auch wenn die Maßnahmen nicht so drastisch erscheinen wie in den USA, so lassen sich auch hier erhebliche Verstöße gegen die Grundgedanken von Demokratie und Freiheitsrechte aufzeigen. Mögen autoritäre Maßnahmen hier auf den ersten Blick auch deutlich weniger ausgeprägt als in den USA erscheinen, so lassen sie doch erhebliche Veränderungen der Prioritäten staatlichen Handelns erkennen. Zudem lässt sich erahnen, dass terroristische Anschläge in der Größenordnung des 11. September, trotz aller Beteuerung des Schutzes von Bürger- und Freiheitsrechten, schnell ein ähnlich rabiates Vorgehen wie in den USA zur Folge hätten. Dies verdeutlicht bereits die Politik auf nationaler Ebene. So setzte das 2005 vom internationalen Terrorismus heimgesuchte und bereits durch den Nordirlandkonflikt

[5] Müller, Erwin und Schneider, Patricia: *Einführung*. In: Müller, Erwin und Schneider, Patricia (Hrsg.): *Die Europäische Union im Kampf gegen den Terrorismus: Sicherheit vs. Freiheit?* Band Frieden durch Recht VII, Nomos Verlag, 2006, S. 9–32, S. 27.

[6] Vgl. a. a. O.

mit dem Terrorismus erfahrene Großbritannien die europäische Sicherheitspolitik besonders intensiv um. Beispielsweise wurde mit dem *CCTV - Closed-circuit television* eine extensive Videoüberwachung öffentlicher Plätze eingerichtet.[7]

[7] Vgl. GROTE, RAINER: *Präventionsstaat zwischen Rechtsgüterschutz und Abbau von Freiheitsrechten im Vereinigten Königreich.* In: DIETER SIMON, KURT GRAULICH UND (Hrsg.): *Terrorismus und Rechtstaatlichkeit - Analysen, Handlungsoptionen, Perspektiven.* Berlin: Akademie Verlag, 2007, Forschungsberichte der Interdisziplinären Arbeitsgruppe der Berlin-Brandenburgischen Akademie der Wissenschaften, S. 227–240, S. 229 ff.

# 8 Fazit - Das heutige Verständnis von Demokratie und Sicherheit

Das sicherheitspolitische Vorgehen der beiden Akteure verdeutlicht die "Zwickmühle", in welche die Staaten durch starke Sicherheitsbedrohungen gedrängt werden. Insbesondere bei Bedrohungen der inneren Sicherheit neigen die Staaten zu Maßnahmen der Kontrolle und Überwachung. Angesichts starker Bedrohungen, wie terroristischen Anschlägen, rückt das Bedürfnis nach mehr Sicherheit an die oberste Spitze der Prioritätenliste und es scheint, dass für ein Mehr an Sicherheit gerne bürgerliche Grund- und Freiheitsrechte und auch demokratische Entscheidungsstrukturen ausgeblendet werden.

Es zeigt sich ein deutliches Umdenken angesichts des demokratischen Rechtsstaats in Form einer drastischen Verschiebung der staatstheoretischen Prioritäten. Mit einem Konzept des "kleineren Übels" sollen zwar größere Übel wie Terroranschläge und der Tod unschuldiger Menschen verhindert werden, doch wird hierdurch allzuschnell der Schritt zu staatlicher Entfesselung getan![1] Dieses Vorgehen demokratischer Staaten angesichts terroristischer Bedrohungen ist nicht neu. So forderte der damalige Bundeskanzler Helmut Schmidt angesichts des Terrors von Roter

[1] Vgl. GÖSSNER: *Menschenrechte in Zeiten des Terrors Kollateralschäden an der "Heimatfront"* (Anm. 16), S. 8.

Armee Fraktion (RAF) und Bewegung 2. Juni, der Rechtsstaat müsse hart bis an die Grenzen der Zulässigkeit gehen.[2]

Doch stimmt die Bevölkerung auch den verschärften Maßnahmen der Sicherheitspolitik zu? Ein Blick auf durch Umfragen erhobene Daten in den USA macht deutlich, dass das enorme Bedürfnis nach mehr Sicherheit, auch auf Kosten von Demokratie und Rechtsstaatlichkeit, nicht nur von der neokonservativen Regierung getragen wurde. So glaubten im Oktober 2001 ganze 85 Prozent der amerikanischen Öffentlichkeit, ein weiterer Terroranschlag in den Vereinigten Staaten sei wahrscheinlich.[3] Die Zustimmung zu Präsident Bush (job approval) stieg mit den Anschlägen von 55 Prozent am 09.09.2001 rasant an auf bis zu 92 Prozent am 27.11.2001. Erst Anfang 2003 war mit 59 Prozent Zustimmung wieder nahezu der Ausgangswert erreicht.[4] Auch die Angst vor einem weiteren Anschlag war bis zum Juli 2006 wieder auf ein Niveau von 46 Prozent gefallen.[5]

Angesichts einer Katastrophe wie einem terroristischen Anschlag solchen Ausmaßes erscheint es so, als könne nur ein "[...] starker und omnipräsenter, letztlich ein autoritärer und präventiver Sicherheitsstaat [...]"[6] vor derartigen Bedrohungen retten. Die Verschiebung des Gleichgewichts zu mehr Sicherheit auf Kosten der persönlichen Freiheit wird somit angesichts der Gefahr von der Bevölkerung durchaus getragen, um langsam mit dem Abklingen der Angst in der Bevölkerung sich wieder zu normalisieren. Doch die schnelle Reaktion der Politik, auf die öffentli-

[2] Vgl. GÖSSNER: *Menschenrechte in Zeiten des Terrors Kollateralschäden an der "Heimatfront"* (Anm. 16), S. 13.

[3] Vgl. SHAPIRO: Internat. Politikanalyse 2007 (Anm. 1), S. 5.

[4] Vgl. KUNSCHAK: *Sicherheit oder Freiheit? Terrorismusbekämpfung und persönliche Freiheitsrechte in den USA nach dem 11. September* (Anm. 3), S. 114.

[5] Vgl. SHAPIRO: Internat. Politikanalyse 2007 (Anm. 1), S. 5.

[6] GÖSSNER: *Menschenrechte in Zeiten des Terrors Kollateralschäden an der "Heimatfront"* (Anm. 16), S. 12.

che Erwartung einer Einlösung des Sicherheitsversprechens und die plötzliche Bereitschaft, den bisherigen Zielwert der Freiheit zur Disposition zu stellen, forderten ihren Tribut: Vorher nicht für möglich gehaltene Beschränkungen von Grundrechten stießen nicht einmal auf massiven öffentlichen Protest.[7] Die kritische Öffentlichkeit und auch die Medien fanden nach dem 11.09.2001 nur sehr zögerlich ihre Sprache wieder.

Der internationale islamische Terrorismus stellt eine Sonderform unter den Bedrohungen dar, da seine Folgen für die Sicherheitspolitik deutlich weitergehen als bei bisher gekannten Bedrohungen. Sowohl international als auch im Inneren des eigenen Territoriums werden nun Gegner vermutet, was in einer Vermischung von äußeren und inneren Sicherheitsstrategien resultiert. Der unheimliche, omnipräsente Feind im Inneren des eigenen Territoriums[8] führte zu umfassenden Maßnahmen der Überwachung und Kontrolle in den westlichen Demokratien. Auch bereits länger bestehende Ermächtigungen zur Strafverfolgung werden gegen die neue Bedrohung eingesetzt, doch erhalten sie durch die technologischen Fortschritte in den letzten Jahren eine neue Qualität. So führten technische Möglichkeiten wie Internet und Mobilfunk, allgemein die Digitalisierung der Telekommunikation, nicht nur zu einem deutlich veränderten Kommunikationsverhalten. Auch ergibt sich hierdurch natürlich auch ein Anstieg der Effizienz von Abhörmaßnahmen und der Auswertung von Verbindungsdaten[9] Doch liegt hier ein ganz generelles Problem vor, denn die Verallgemeinerung zum Generalverdacht verkehrt den Grundsatz der Demokratie, nach welchem alle Macht vom

[7]Vgl. Hoffmann-Riem: Freiheit und Sicherheit im Angesicht terroristischer Anschläge (Anm. 5), S. 34.

[8]Vgl. Gössner: *Menschenrechte in Zeiten des Terrors Kollateralschäden an der "Heimatfront"* (Anm. 16), S. 11.

[9]Vgl. Hoffmann-Riem: Freiheit und Sicherheit im Angesicht terroristischer Anschläge (Anm. 5), S. 35.

Volke ausgehe, in einen Vorsatz totaler Herrschaft, in der vom Volk alle Gefahr ausgeht![10] Auch der Grundsatz der Gleichheit droht durch eine verstärkte Sicherheitspolitik in Schieflage zu geraten, denn nach dem 11.09.2001 gerieten aufgrund des radikal islamischen Hintergrundes der Anschläge zunehmend Ausländer bestimmter Herkunft und muslimischen Glaubens oder auch Personen, die einfach dem Anschein nach dazu gehörten, in eine politische und rechtliche Sonderbehandlung.[11]

Auch darf nicht eine mögliche politische (Aus-) Nutzung der Sicherheitspolitik übersehen werden. So kann diese leicht zu einem legitimatorischen Selbstläufer werden. Durch das Schüren von Angst und Hysterie in der Bevölkerung kann der Blick der Öffentlichkeit wirksam von anderen Problemfeldern abgelenkt werden.[12] So eignet sich die Sicherheitspolitik gut als Wahlkampfmittel. Doch auch weitere "Schwächen" der Demokratie geraten schnell in Konflikt mit der Sicherheitspolitik. Wird lange über neue Sicherheitsgesetze debattiert, wird der Regierung vorgeworfen, angesichts der allgegenwärtigen Bedrohung nichts zu unternehmen und die Bevölkerung fühlt sich in ihrem Bedürfnis nach Schutz und Sicherheit vernachlässigt. Bei brisanten Situationen wird es so der Regierung niemand übelnehmen, wenn die langsamen Entscheidungsstrukturen der Demokratie übergangen werden.

Es ist verständlich, dass sich Regierungen und Gesetzgeber verpflichtet fühlen, angesichts einer Bedrohung schnell zu handeln. Auch dass der Staat neue Möglichkeiten nutzt und sich

---

[10] Vgl. Dombrowsky, Wolf R.: *Terrorbekämpfung und Freiheitsrechte.* In: Müller, Erwin und Schneider, Patricia (Hrsg.): *Die Europäische Union im Kampf gegen den Terrorismus: Sicherheit vs. Freiheit?* Band Frieden durch Recht VII, Nomos Verlag, 2006, S. 59–80, S. 61.

[11] Vgl. a. a. O.

[12] Vgl. Gössner: *Menschenrechte in Zeiten des Terrors Kollateralschäden an der "Heimatfront"* (Anm. 16), S. 22 f.

neuer Instrumente bedient, um neuartigen Herausforderungen zu begegnen, erscheint geradezu selbstverständlich.

Doch, wie in dieser Arbeit dargestellt, neigen politische Akteure in der Sicherheitspolitik dazu, Schwächen der Demokratie auszunutzen. Auch der Blick auf die Reaktionen in der Praxis zeigt uns, dass hier unsere kritische Aufmerksamkeit gefordert ist. Die verabschiedeten Gesetze "atmen den Geist der Angst"[13] und setzen rücksichtslos auf Überwachung und Kontrolle. Sie missachten die bereits von Thomas Hobbes formulierte Erkenntnis, dass derjenige mit der Macht, alle zu schützen, mit derselben auch alle unterdrücken kann. Der Gedanke der Rechtsstaatlichkeit und der Demokratie, welcher die Bevölkerung vor einer Unterdrückung durch den Staat schützen soll, wird zumindest in der Zeit größter Bedrohung schnell vernachlässigt. Eine gemeinsame äußere Bedrohung vereint, was sich nach dem 11. September nicht nur an der zunächst gemeinsamen Position der europäischen Mitgliedsstaaten zeigt, sondern auch am Verstummen der Opposition in den Parlamenten hinsichtlich der Sicherheitspolitik.

Somit lässt sich feststellen, dass eine verstärkte Sicherheitspolitik schnell mit den Grundgedanken von Demokratie und Rechtsstaatlichkeit bricht und so zu einer Gefahr für die rechtsstaatlichen und demokratischen Strukturen des Staates werden kann. Eine äußerst kritische Beobachtung der Sicherheitspolitik und ihrer Auswirkungen ist also mehr als angebracht. Angesichts einer Gefahr für Leib und Leben scheint ein Bruch mit der demokratischen Tradition allerdings von der großen Mehrheit billigend in Kauf genommen zu werden. Es bleibt zu hoffen, dass auch bei internationalen und allgegenwärtigen Bedrohungen, mit etwas zeitlichem Abstand das Bewusstsein wieder auf die Grundsätze der demokratischen Staaten zurückkommt. Leider scheint

[13]Vgl. DOMBROWSKY: Terrorbekämpfung und Freiheitsrechte (Anm. 10), S. 55.

es, dass die bürgerlichen Grund- und Freiheitsrechte insgesamt deutlich an Strahlkraft nachgelassen haben. Und das nicht nur bei der politischen Administration, sondern auch bei der wählenden Bevölkerung, dem wahren Souverän einer Demokratie. Erst jüngst hat eine Infratest-Studie ergeben, dass 42 Prozent der Deutschen kein einziges Menschenrecht benennen können.[14] Hier besteht dringender Handlungsbedarf, um die in einer Demokratie notwendige kritische Öffentlichkeit angesichts des "Kampfes gegen den Terrorismus" zu erhalten.

Abschließen möchte ich meine Arbeit mit einem Zitat aus einem Aufruf der Humanistischen Union von 1978. Dort heißt es: "Man bekämpft die Feinde des Rechtsstaats nicht mit dessen Abbau und man verteidigt die Freiheit nicht mit deren Einschränkung". Erstunterzeichner war der damalige Rechtsanwalt Otto Schily.[15]

---

[14] Vgl. SPIEGEL ONLINE VOM 28.05.2008: *Menschenrechte im Anti-Terror-Kampf: "Deutschland hat seine Glaubwürdigkeit untergraben"*. ⟨URL: `http://www.spiegel.de/politik/deutschland/0,1518,555783,00.html`⟩ – Zugriff am 30.05.2008

[15] Zitiert nach HIRSCH: Terrorbekämpfung und Bürgerrechte (Anm. 14), S. 58.

# Literaturverzeichnis

**Abromeit,** Heidrun: *Probleme einer Demokratisierung der Europäischen Union ? oder: Warum es so schwer ist, einen gemeinsamen Nenner zu finden.* In: **Bandelow,** Nils C. und **Bleek,** Wilhelm (Hrsg.): *Einzelinteressen und kollektives Handeln in modernen Demokratien.* VS Verlag für Sozialwissenschaften, 2007, Festschrift für Ulrich Widmaier, S. 13 – 27.

**Adam,** Rudolf: *Einleitung.* In: **Dieter Simon,** Kurt Graulich und (Hrsg.): *Terrorismus und Rechtstaatlichkeit - Analysen, Handlungsoptionen, Perspektiven.* Berlin: Akademie Verlag, 2007, Forschungsberichte der Interdisziplinären Arbeitsgruppe der Berlin-Brandenburgischen Akademie der Wissenschaften, S. 221 – 226.

**AG Friedensforschung der Uni Kassel, , Peter Strutynski**: *Die Terrorismus-Resolutionen des UN-Sicherheitsrats nach dem 11. September 2001.* ⟨URL: `http://www.uni-kassel.de/fb5/frieden/themen/Terrorismus/un-res-1368-1373-1377.html`⟩ – Zugriff am 11.05.2008.

**Albrecht,** Peter-Alexis: *Die vergessene Freiheit - Strafrechtsprinzipien in der europäischen Sicherheitsdebatte.* In: *Sicherheit vor Freiheit? Terrorismusbekämpfung und die Sorge um den freiheitlichen Rechtsstaat.* Berlin: Friedrich Ebert Stiftung, 2003, S. 9–18.

**Arzt,** Clemens: *Präventionsstaat zwischen Rechtsgüterschutz und Abbau von Freiheitsrechten in den USA.* In: **Dieter Simon,** Kurt Graulich und (Hrsg.): *Terrorismus und Rechtstaatlichkeit - Analysen, Handlungsoptionen, Perspektiven.* Berlin: Akademie Verlag, 2007, Forschungsberichte der Interdisziplinären Arbeitsgruppe der Berlin-Brandenburgischen Akademie der Wissenschaften, S. 241–271.

**Auswärtiges Amt der Bundesrepublik Deutschland**: *Terrorismusbekämpfung in der Europäischen Union (EU).* ⟨URL: `http://www.auswaertiges-amt.de/diplo/de/Aussenpolitik/Themen/TerrorismusOK/TerrorismusbekaempfungEU.html`⟩ – Zugriff am 17.05.2008.

**Bauer,** Michael und **Algieri,** Francio: *Viel erreicht, aber noch viel zu tun: Die Vielschichtigkeit europäischer Maßnahmen zur Bekämpfung des Terrorismus.* In: **Müller,** Erwin und **Schneider,** Patricia (Hrsg.): *Die Europäische Union im Kampf gegen den Terrorismus: Sicherheit vs. Freiheit?* Band Frieden durch Recht VII, Nomos Verlag, 2006, S. 163–179.

**Blech,** Jörg und **Bredow,** Rafaela von: *CHEMIE- UND BIOWAFFEN: Die gefährlichste aller Bedrohungen.* In: *Spiegel online - Wissenschaft,* 27. September 2001 ⟨URL: `http://www.spiegel.de/wissenschaft/mensch/0,1518,159580,00.html`⟩ – Zugriff am 24.04.2008.

**Brosig,** Burkhard und **Brähler,** Elmar: *Die Angst vor dem Terror. Daten aus deutschen Repräsentativerhebungen vor und nach dem 11. September 2001.* In: *Journal für Konflikt- und Gewaltforschung*, vierte Ausgabe Februar 2002, S. 77–94.

**Bundesregierung,** Deutsche: *Presseerklärung vom 23.06.2007: Ergebnisse des Europäischen Rates.* ⟨URL: `http://www.bundesregierung.de/nn_1264/Content/DE/Artikel/2007/06/2007-06-23-ergebnisse-europaeischer-rat-bruessel.html`⟩ – Zugriff am 11.04.2008.

**CBS News - March 2, 2006**: *Senate Resoundingly Renews Patriot Act Supporters Say Better Balance Between Privacy, Terror Fighting.* ⟨URL: `http://www.cbsnews.com/stories/2006/02/28/politics/main1356811.shtml`⟩ – Zugriff am 01.05.2008.

**Creifelds,** Carl und **Weber,** Klaus (Hrsg.): *Rechtswörterbuch.* München: Beck Juristischer Verlag, [18]2004.

**Czempiel,** Ernst-Otto: *Kants Theorem und die zeitgenössische Theorie der internationalen Beziehungen.* In: **Lutz-Bachmann,** Matthias und **Bohman,** James (Hrsg.): *Frieden durch Recht.* Frankfurt (Main): Suhrkamp Verlag, 1996, S. 300–323.

**Dauderstädt,** Michael und **Lerch,** Marika: *Internationale Demokratieförderung: Mit begrenzter Macht zur Machtbegrenzung.* Bonn: Friedrich-Ebert-Stiftung, 2005, Internat. Politikanalyse (Frieden und Sicherheit).

**Dietert,** Anke: *Menschen- und Minderheitenrechte: die Türkei und die europäischen Standards.* In: *Bundeszentrale für Politische Bildung - Themen: Türkei und EU,* 2006 ⟨URL: `http://www.bpb.de/themen/35SQ8K,0,0,Menschen_und_Minderheitenrechte%3A_die_T%FCrkei_und_die_europ%E4ischen_Standards.html`⟩ – Zugriff am 11.04.2008.

**Dombrowsky,** Wolf R.: *Terrorbekämpfung und Freiheitsrechte.* In: **Müller,** Erwin und **Schneider,** Patricia (Hrsg.): *Die Europäische Union im Kampf gegen den Terrorismus: Sicherheit vs. Freiheit?* Band Frieden durch Recht VII, Nomos Verlag, 2006, S. 59–80.

**Eckert,** Roland: *Die Eskalation unregulierter Konflikte - Möglichkeiten und Grenzen der Prognose von Terrorismus.* In: **Kemmesies,** Uwe E. (Hrsg.): *Terrorismus und Extremismus - der Zukunft auf der Spur.* Köln: Luchterhand Fachverlag, 2006, S. 71–84.

**EurActiv / Christophe Leclercq (Hrsg.)**: *Dossier: Der Kampf gegen den Terrorismus.* ⟨URL: `http://www.euractiv.com/de/sicherheit/kampf-gegen-terrorismus/article-103650`⟩ – Zugriff am 05.05.2008.

**EurActiv / Christophe Leclercq (Hrsg.)**: *Das Haager Programm - Programm 2005-10 für Justiz und Inneres.* ⟨URL: `http://www.euractiv.com/de/sicherheit/`

haager-programm-programm-2005-10-justiz-inneres/article-132148⟩ – Zugriff am 20.05.2008.

**Europäische Union**: *Glossar - Bekämpfung des Terrorismus.* ⟨URL: http://europa.eu/scadplus/glossary/fight_against_terrorism_de.htm⟩ – Zugriff am 10.05.2008.

**Europäische Union**: *Konsolidierte Fassung des Vertrags über die Europäische Union.* ⟨URL: http://europa.eu.int/eur-lex/lex/de/treaties/dat/12002M/htm/C_2002325DE.000501.html⟩ – Zugriff am 11.04.2008.

**Europäische Union**: *Offizieller Text der Grundrechtscharta als Teil der Europäischen Verfassung.* ⟨URL: http://eur-lex.europa.eu/LexUriServ/LexUriServ.do?uri=OJ:C:2004:310:0041:0054:DE:PDF⟩ – Zugriff am 14.04.2008.

**Europäische Union**: *RICHTLINIE 2006/24/EG DES EUROPÄISCHEN PARLAMENTS UND DES RATES vom 15. März 2006 über die Vorratsspeicherung von Daten, die bei der Bereitstellung öffentlich zugänglicher elektronischer Kommunikationsdienste oder öffentlicher Kommunikationsnetze erzeugt oder verarbeitet werden, und zur Änderung der Richtlinie 2002/58/EG.* ⟨URL: http://eur-lex.europa.eu/LexUriServ/LexUriServ.do?uri=OJ:L:2006:105:0054:0063:DE:PDF⟩ – Zugriff am 09.06.2008.

**Gill,** Terry D. und **Sliedregt,** Elies van: *Guantánamo Bay: a reflection on the legal status and rights of 'unlawful enemy combatants'.* In: **Hol,** Antoine M. und **Vervaele,** John A. E. (Hrsg.): *Seurity and civil liberties: The case of terrorism.* Antwerpen / Oxford: Intersentia, 2005, Utrecht Law Review Yearbook 2005, S. 28–54.

**Glaeßner,** Gert-Joachim: *Sicherheit und Freiheit.* In: *Aus Politik und Zeitgeschichte (Beilage zur Wochenzeitschrift „Das Parlament")* Band 10 / 11 März 2002.

**Graulich,** Kurt und **Simon,** Dieter: *Terrorismus und Rechtstaatlichkeit - Analysen, Handlungsoptionen, Perspektiven.* Berlin: Akademie Verlag, 2007, Forschungsberichte der Interdisziplinären Arbeitsgruppe der Berlin-Brandenburgischen Akademie der Wissenschaften.

**Grote,** Rainer: *Präventionsstaat zwischen Rechtsgüterschutz und Abbau von Freiheitsrechten im Vereinigten Königreich.* In: **Dieter Simon,** Kurt Graulich und (Hrsg.): *Terrorismus und Rechtstaatlichkeit - Analysen, Handlungsoptionen, Perspektiven.* Berlin: Akademie Verlag, 2007, Forschungsberichte der Interdisziplinären Arbeitsgruppe der Berlin-Brandenburgischen Akademie der Wissenschaften, S. 227–240.

**Gössner,** Rolf: *Menschenrechte in Zeiten des Terrors Kollateralschäden an der "Heimatfront".* Hamburg: Konkret Literatur Verlag, 2007.

**Gusy,** Christoph: *Möglichkeiten und Grenzen einer europäischen Antiterrorpolitik.* In: **Zuleeg,** Manfred (Hrsg.): *Europa als Raum der Freiheit, derSicherheit und des Rechts.* Nomos Verlagsgesellschaft, 2007, Schriftenreihe europäisches Verfassungsrecht 27, S. 61–73.

**Gusy,** Christoph: *Präventionsstaat zwischen Rechtsgüterschutz und Abbau von Freiheitsrechten in Deutschland.* In: **Dieter Simon,** Kurt Graulich und (Hrsg.): *Terrorismus und Rechtstaatlichkeit - Analysen, Handlungsoptionen, Perspektiven.* Berlin: Akademie Verlag, 2007, Forschungsberichte der Interdisziplinären Arbeitsgruppe der Berlin-Brandenburgischen Akademie der Wissenschaften, S. 273–294.

**Hirsch,** Burkhard: *Terrorbekämpfung und Bürgerrechte.* In: **Müller,** Erwin und **Schneider,** Patricia (Hrsg.): *Die Europäische Union im Kampf gegen den Terrorismus: Sicherheit vs. Freiheit?* Band Frieden durch Recht VII, Nomos Verlag, 2006, S. 43–58.

**Hoffmann-Riem,** Wolfgang: *Freiheit und Sicherheit im Angesicht terroristischer Anschläge.* In: **Müller,** Erwin und **Schneider,** Patricia (Hrsg.): *Die Europäische Union im Kampf gegen den Terrorismus: Sicherheit vs. Freiheit?* Band Frieden durch Recht VII, Nomos Verlag, 2006, S. 33–42.

**Hohmann,** Harald: *Die Charta der Grundrechte der Europäischen Union - Ein wichtiger Beitrag zur Legitimation der EU.* In: *Aus Politik und Zeitgeschichte*, B 52-53 2000 ⟨URL: http://www.bpb.de/publikationen/FZSF5R,0,0,Die_Charta_der_Grundrechte_der_Europ%E4ischen_Union.html#art0⟩ – Zugriff am 11.04.2008.

**Hucke,** Matthias Josef: *Der Schutz der Menschenrechte im Lichte von Guantánamo - Die Behandlung der Gefangenen und die Begründung von Menschenrechten.* Saarbrücken: Vdm Verlag Dr. Müller, 2008.

**Institut für Demoskopie Allensbach**: *Der Wert der Freiheit. Ergebnisse einer Grundlagenstudie zum Freiheitsverständnis der Deutschen.* Oktober / November 2003 ⟨URL: http://www.ifd-allensbach.de/pdf/akt_0406.pdf⟩ – Zugriff am 2008.03.29.

**Ipsen,** Jörn: *Staatsrecht I: Staatsorganisationsrecht.* München: Luchterhand Verlag, $^{16}$2004.

**Ipsen,** Jörn: *Staatsrecht II: Grundrechte.* München: Luchterhand Verlag, $^{8}$2004.

**Kailitz,** Steffen: *Staatsformen im 20. Jahrhundert II: Demokratische Systeme.* In: **Gallus,** Alexander und **Jesse,** Eckhard (Hrsg.): *Staatsformen.* Bonn: Bundeszentrale für politische Bildung, 2007, S. 281–328.

**Kant,** Immanuel: *Zum ewigen Frieden. Ein philosophischer Entwurf.* Königsberg: Friedrich Nicolovius, 1795 ⟨URL: http://www.philosophiebuch.de/ewfried.htm⟩ – Zugriff am 20.04.2008.

**Köhne,** Anja: *Die Außen- und Sicherheitspolitik der EU: globaler Vorreiter eines erweiterten Sicherheitsbegriffs?* In: **Germanwatch,** Worldwatch Institute in Zusammenarbeit mit der Heinrich-Böll-Stiftung und (Hrsg.): *Zur Lage der Welt 2005 - Globale Sicherheit Neu Denken.* Münster: Westfälisches Dampfboot, 2004, S. 22–48.

**Knelangen,** Wilhelm: *Das Politikfeld der inneren Sicherheit im Integrationsprozess. Die Entstehung einer europäischen Politik der inneren Sicherheit.* Band 4, Forschungen zur europäischen Integration. Opladen: Leske+Budrich, 2001.

**Knelangen,** Wilhelm: *Die Ambitionen Europas und die Erfahrung des Scheiterns - Die Europäische Union und der 'Krieg gegen den Terrorismus'.* In: **Pradetto,** August (Hrsg.): *Sicherheit und Verteidigung nach dem 11. September 2001. Akteure – Strategien – Handlungsmuster.* Band 1, Peter Lang GmbH Europäischer Verlag der Wissenschaften, 2004, S. 175–201.

**Knelangen,** Wilhelm: *EU-System der Inneren Sicherheit.* In: **Lange,** Hans-Jürgen und **Gasch,** Matthias (Hrsg.): *Wörterbuch zur Inneren Sicherheit.* VS Verlag für Sozialwissenschaften, 2006, S. 74–77.

**Kunschak,** Martin: *Sicherheit oder Freiheit? Terrorismusbekämpfung und persönliche Freiheitsrechte in den USA nach dem 11. September.* Marburg: Tectum Verlag, 2004.

**Kutscha,** Martin: *Grundrechte.* In: **Lange,** Hans-Jürgen und **Gasch,** Matthias (Hrsg.): *Wörterbuch zur Inneren Sicherheit.* VS Verlag für Sozialwissenschaften, 2006, S. 117–120.

**List,** Martin: *Internationale Politik studieren. Eine Einführung.* Wiesbaden: VS Verlag für Sozialwissenschaften, 2006.

**Locke,** John; **Mayer-Tasch,** Peter Cornelius (Hrsg.): *Über die Regierung (The second treatise of government), übers. von Dorothee Tidow. Mit einem Nachwort von Peter Cornelius Mayer-Tasch.* Stuttgart: Reclam Verlag, 1974.

**McGinley,** Marie: *Grundrechtsschutz der Europäischen Union.* In: *Haager Programm zur Innen- und Justizpolitik der EU.* Deutsches Institut für Internationale Politik und Sicherheit, 2006 ⟨URL: `http://vt-www.bonn.iz-soz.de/swpthemen/servlet/de.izsoz.dbclear.query.browse.BrowseFacette/domain=swp/lang=de/filter=1/sable=true/qup=true?f58=12138,12147_12147&order=creator,-pubyear,title`⟩ – Zugriff am 22.05.2008.

**Meyer,** Berthold: *Die innere Gefährdung des demokratischen Friedens. Staatliche Terrorismusabwehr als Balanceakt zwischen Sicherheit und Freiheit.* In: *AG Friedensforschung an der Universität Kassel*, 2002 ⟨URL: `http://www.uni-kassel.de/fb5/frieden/themen/Innere-Sicherheit/meyer.html`⟩ – Zugriff am 28.04.2008.

**Middel,** Stefan; **Simitis,** Spiros (Hrsg.): *Innere Sichereheit und präventive Terrorismusbekämpfung.* Baden-Baden: Nomos Verlagsgesellschaft, 2007, Frankfurter Studien zum Datenschutz 31.

**Müller,** Erwin und **Schneider,** Patricia: *Einführung.* In: **Müller,** Erwin und **Schneider,** Patricia (Hrsg.): *Die Europäische Union im Kampf gegen den Terrorismus: Sicherheit vs. Freiheit?* Band Frieden durch Recht VII, Nomos Verlag, 2006, S. 9–32.

**Münkler,** Herfried: *Sind wir im Krieg? Über Terrorismus, Partisanen und die neuen Formen des Krieges.* In: *Politische Vierteljahresschrift*, 42 Dezember 2001, Nr. vier, S. 581–589.

**Monar,** Jörg: *Die EU und die Herausforderung des internationalen Terrorismus Handlungsgrundlagen, Fortschritte und Defizite.* In: **Weidenfeld,** Werner (Hrsg.): *Herausforderung Terrorismus - Die Zukunft der Sicherheit.* Wiesbaden: VS Verlag für Sozialwissenschaften, 2004, S. 137–172.

**Occhipinti,** John D.: *The Politics of EU Police Cooperation: Towards an European FBI?* London / Colorado: Lynne Rienner Publishers, Inc., 2003.

**Pickel,** Susanne und **Pickel,** Gert: *Politische Kulturforschung.* Wiesbaden: VS Verlag für Sozialwissenschaften, 2006.

**Renne,** Barbara: *Die Europäische Sicherheits- und Verteidigungspolitik zwischen Anspruch und Wirklichkeit: Probleme und Perspektiven der EUEingreiftruppe unter besonderer Berücksichtigung ihres Verhältnisses zur NATO-Response Force.* Hamburg: Institut für Friedensforschung und Sicherheitspolitik an der Universität Hamburg, Januar 2004, Hamburger Beiträge zur Friedensforschung und Sicherheitspolitik 134.

**Schlichte,** Klaus: *Neue Kriege oder alte Thesen? Wirklichkeit und Repräsentation kriegerischer Gewalt in der Politikwissenschaft.* In: **Geiss,** Anna (Hrsg.): *Neue Kriegstheorien.* Baden-Baden: Nomos Verlagsgesellschaft, 2006, S. 111–131.

**Schülke,** Christian: *Kriminalitäts- und Terrorismusbekämpfung.* In: *Haager Programm zur Innen- und Justizpolitik der EU.* Deutsches Institut für Internationale Politik und Sicherheit, 2006 ⟨URL: `http://vt-www.bonn.iz-soz.de/swpthemen/servlet/de.izsoz.dbclear.query.browse.BrowseFacette/domain=swp/lang=de/filter=1/sable=true/qup=true?f58=12138,12155_12155&order=creator,-pubyear,title`⟩ – Zugriff am 22.05.2008.

**Schmidt,** Manfred G.: *Demokratietheorien Eine Einführung.* Wiesbaden: VS Verlag für Sozialwissenschaften, $^{3}$2000.

**Schmidt,** Manfred G.: *Innere Sicherheit.* In: **Nohlen,** Dieter und **Schulze,** Rainer-Olaf (Hrsg.): *Lexikon der Politikwissenschaft. Theorien Methoden Begriffe.* München: Verlag C.H. Beck, $^{3}$2005.

**Schmidt,** Sigmar: *Die Europäische Union in der Vergleichenden Politikwissenschaft.* In: **Lauth,** Hans-Joachim (Hrsg.): *Vergleichende Regierungslehre Eine Einführung.* Wiesbaden: VS Verlag für Sozialwissenschaften, [2]2006, S. 133–153.

**Schrader,** Lutz: *Europäische Sicherheits- und Verteidigungspolitik im Jahre drei: Welcher Kurs angesichts der neuen "Grand Strategy"der Bush-Administration?* In: *State of Peace 2002: Ground Zero - Friedenspolitik nach den Terroranschägen auf die USA.* Österreichisches Studienzentrum für Frieden und Konfliktlösung, 2003 ⟨URL: `http://www.bpb.de/files/LKV1OP.pdf`⟩, S. o.S..

**Schulze,** Rainer-Olaf: *Demokratie.* In: **Nohlen,** Dieter und **Schulze,** Rainer-Olaf (Hrsg.): *Lexikon der Politikwissenschaft. Theorien Methoden Begriffe.* München: Verlag C.H. Beck, 2005, 3. Auflage.

**Shapiro,** Jeremy: *Die Reaktion der Vereinigten Staaten auf den 11. September 2001.* In: **Benner,** Thorsten und **Flechtner,** Stefanie (Hrsg.): *Demokratien und Terrorismus ? Erfahrungen mit der Bewältigung und Bekämpfung von Terroranschlägen. Fallstudien USA, Spanien, Niederlande und Großbritannien.* Bonn: Friedrich-Ebert-Stiftung, 2007, Internat. Politikanalyse (Frieden und Sicherheit) ⟨URL: `http://library.fes.de/pdf-files/id/04254.pdf`⟩, S. 4–9.

**Shell,** Kurt L.: *Demokratie.* In: **Görlitz,** Axel (Hrsg.): *Handlexikon zur Politikwissenschaft.* Band 1, München: Rowohlt Taschenbuchverlag, 1982, S. 57–61.

**Siedschlag,** Alexander: *Einführung - Sicherheitspolitik als Methode.* In: Derselbe (Hrsg.): *Methoden der sicherheitspolitischen Analyse.* VS Verlag für Sozialwissenschaften, 2006, S. 9–19.

**Spiegel online vom 28.05.2008**: *Menschenrechte im Anti-Terror-Kampf: "Deutschland hat seine Glaubwürdigkeit untergraben".* ⟨URL: `http://www.spiegel.de/politik/`

deutschland/0,1518,555783,00.html⟩ – Zugriff am 30.05.2008.

**Streck,** Michael: *Eilschritt zum Überwachungsstaat.* In: *Taz, die Tageszeitung*, 15.11 2002 ⟨URL: http://www.taz.de/index.php?id=archivseite&dig=2002/11/15/a0132⟩ – Zugriff am 09.06.2008.

**Strossen,** Nadine: *Conservatives and Liberals Unite to Conserve Liberty and Security.* In: **Goldberg,** Danny, **Goldberg,** Victor und **Greenwald,** Robert (Hrsg.): *It's a Free Country . Personal Freedom in America after September 11.* New York: RDV Books, 2002, S. 52–68.

**Supreme Court of the United States**: *Hamdan vs. Rumsfeld, Secretary of Defese, et al.* ⟨URL: http://www.supremecourtus.gov/opinions/05pdf/05-184.pdf⟩ – Zugriff am 09.06.2008.

**The Library of Congress**: *H.R.3162: Uniting and Strengthening America by Providing Appropriate Tools Required to Intercept and Obstruct Terrorism (USA PATRIOT ACT) Act of 2001 (Enrolled as Agreed to or Passed by Both House and Senate).* ⟨URL: http://thomas.loc.gov/cgi-bin/query/z?c107:H.R.3162.ENR:⟩ – Zugriff am 24.04.2001.

**The White House**: *EXECUTIVE ORDER - Review and Disposition of individuals detained at the Guantánamo bay naval base and closure of detention facilities.* ⟨URL: http://www.whitehouse.gov/the_press_office/ClosureOfGuantanamoDetentionFacilities/⟩ – Zugriff am 25.01.2009.

**The White House**: *The National Security Strategy of the United States of America.* ⟨URL: http://www.whitehouse.gov/nsc/nss.pdf⟩ – Zugriff am 02.05.2008.

**The White House - Office of the Press Secretary**: *Address to a Joint Session of Congress and the American People - September 20, 2001.* ⟨URL: http://www.whitehouse.

gov/news/releases/2001/09/20010920-8.html⟩ – Zugriff am 21.04.2008.

**The White House - Office of the Press Secretary**: *President Bush Meets with National Security Team - September 12, 2001.* ⟨URL: http://www.whitehouse.gov/news/releases/2001/09/20010912-4.html⟩ – Zugriff am 21.04.2008.

**The White House - Office of the Press Secretary**: *President Delivers State of the Union Address.* ⟨URL: http://www.whitehouse.gov/news/releases/2002/01/20020129-11.html⟩ – Zugriff am 02.05.2008.

**Urban,** Johannes: *Die Bekämpfung des Internationalen Islamistischen Terrorismus.* Wiesbaden: VS Verlag für Sozialwissenschaften, 2006.

**Urlau,** Ernst: *Wie weit reicht das Sicherheitsversprechen des Staates an seine Bürger?* In: **Dieter Simon,** Kurt Graulich und (Hrsg.): *Terrorismus und Rechtstaatlichkeit - Analysen, Handlungsoptionen, Perspektiven.* Berlin: Akademie Verlag, 2007, Forschungsberichte der Interdisziplinären Arbeitsgruppe der Berlin-Brandenburgischen Akademie der Wissenschaften, S. 297–303.

**Wagner,** Wolfgang: *Europäisierung der Polizeiarbeit ohe Einschränkung von Grundrechtsschutz und parlamentarischer Kontrolle? Europol nach dem Scheitern des Europäischen Verfassungsvertrags.* In: **Müller,** Erwin und **Schneider,** Patricia (Hrsg.): *Die Europäische Union im Kampf gegen den Terrorismus: Sicherheit vs. Freiheit?* Band Frieden durch Recht VII, Baden-Baden: Nomos Verlag, 2006, S. 163–179.

**Weidenfeld,** Werner: *Wie Europa verfasst sein sollte - Materialien zur Politischen Union.* Gütersloh: Verlag Bertelsmann Stiftung, 1991.

**Weidenfeld,** Werner: *Für ein System kooperativer Sicherheit.* In: Derselbe (Hrsg.): *Herausforderung Terrorismus - Die*

*Zukunft der Sicherheit*. Wiesbaden: VS Verlag für Sozialwissenschaften, 2004, S. 11–28.

**Wilker,** Frank: *Die neue Wachsamkeit - Der amerikanische Konflikt zwischen Freiheitsrechten und innerer Sicherheit.* In: *Fundiert - Das Wissenschaftsmagazin der freien Universität Berlin*, 1 2005 ⟨URL: http://www.fu-berlin.de/presse/publikationen/fundiert/2005_01/05-01_wilker/index.html⟩ – Zugriff am 19.06.2008.

**Zander,** Simone: *Allgemeines zum Haager Programm.* In: *Haager Programm zur Innen- und Justizpolitik der EU.* Deutsches Institut für Internationale Politik und Sicherheit, 2006 ⟨URL: http://vt-www.bonn.iz-soz.de/swpthemen/servlet/de.izsoz.dbclear.query.browse.BrowseFacette/domain=swp/lang=de/filter=1/sable=true/qup=true?f58=12138,12139_12139&order=-pubyear,title⟩ – Zugriff am 22.05.2008.

**Zeit online - 30.05.2006**: *Übermittlung von Fluggastdaten illegal. Die Übermittlung europäischer Fluggastdaten an US-Behörden hat keine rechtliche Grundlage, entscheidet am Dienstag der Europäische Gerichtshof in Luxemburg.* ⟨URL: http://www.zeit.de/online/2006/22/Fluggastdaten-EuGH⟩ – Zugriff am 23.05.2008.